Siegfried Sinzheimer

Goethe und Byron

Sinzheimer, Siegfried

Goethe und Byron

ISBN: 978-3-86741-484-5

Auflage: 1
Erscheinungsjahr: 2010
Erscheinungsort: Bremen, Deutschland

© Europäischer Hochschulverlag GmbH & Co KG, Fahrenheitstr. 1, 28359 Bremen (www.eh-verlag.de). Alle Rechte beim Verlag und bei den jeweiligen Lizenzgebern.

Bei diesem Titel handelt es sich um den Nachdruck eines historischen, lange vergriffenen Buches aus der Kgl. Hof- und Universitäts-Bücherei Wolf & Sohn, München (1894). Da elektronische Druckvorlagen für diese Titel nicht existieren, musste auf alte Vorlagen zurückgegriffen werden. Hieraus zwangsläufig resultierende Qualitätsverluste bitten wir zu entschuldigen.

GOETHE und BYRON.

Eine Darstellung
des
persönlichen und litterarischen Verhältnisses
mit besonderer Berücksichtigung des
„Faust" und „Manfred".

Inaugural-Dissertation

zur

Erlangung der Doktorwürde

der

Hohen philosophischen Fakultät

der

Ruprecht-Karls-Universität zu Heidelberg

vorgelegt von

Siegfried Sinzheimer

aus Worms.

München, 1894.
Kgl. Hof- und Universitäts-Buchdruckerei von Dr. C. Wolf & Sohn.

Meinen lieben Eltern

in inniger Dankbarkeit

gewidmet.

Litteratur.

Goethe: Sämmtliche Werke i. 30 Bdn. Stuttgart, Cotta 1858.
Goethe-Jahrbuch. Herausgegeben von Ludwig Geiger. Frankfurt a. Main.
Goethes Gespräche. Herausgegeben von W. Frh. v. Biedermann I/VII Leipzig 1889/90.
Briefwechsel zwischen Goethe und Zeller. Herausgeg. v. Riemer Bd. IV Berlin 1834.
Eckermann: „Gespräche mit Goethe" I/III. Leipzig, Reclam.
Wilh. Scherer: „Aus Goethes Frühzeit". Strassburg 1879.
— „Aufsätze über Goethe". Berlin 1886.
Heinr. Düntzer: „Goethes Faust". Leipzig 1857.
— „Goethes Faust in seiner Einheit und Ganzheit". Köln 1836.
Fr. Th. Vischer: „Goethes Faust". Stuttgart 1875.
H. Grimm: „Goethe" I/II. Berlin 1877.
Kuno Fischer: „Goethes Faust". Stuttgart 1878.
— „Die Erklärungsarten des Goethe'schen Faust". Heidelberg 1889.

Byron: Poetical Works. Grosse Ausgabe.
— Poetische Werke in 8 Bdn. Stuttgart, Cotta.
Th. Moore: „Letters and Journals". Frankfurt a/M. 1830.
Dallas: „Correspondence of L. Byron". Paris 1825.
Macaulay: „Essays" I. Bd. London 1873.
Jeaffreson: „The Real L. Byron". I/III. Leipzig, Tauchnitz.
E. Ortlepp: „Byron's Lebensgeschichte, Briefwechsel u. s. w. 2. Abtheil. I/III. Stuttgart 1839.
K. Elze: „Lord Byron". Berlin 1876.

F. Eberty: „Lord Byron". Leipzig 1872 u. 79.
W. Müller: „Lord Byron" in Vermischte Schriften III. Leipzig 1830.
E. Engel: „Lord Byron". Berlin 1876.

Rötscher: „Abhandlung z. Philosophie d. Kunst". I/III. Berlin 1837.
Fr. Th. Vischer: „Kritische Gänge". I/II. Tübingen 1844.
Rob. Springer: „Essays". Minden 1885.
— „Charakterbilder". Minden 1886.
K. Hillebrand: „Zeiten, Völker, Menschen VII. Strassburg 1885.
H. v. Treitschke: „Histor. und politische Aufsätze". Leipzig 1865.
G. Brandes: „Die Hauptström. d. Litt. d. 19. Jahrh. IV. Leipzig.
Ad. Stern: „Gesch. d. neueren Litteratur" I/VII. Leipzig 1883.
K. Bleibtreu: „Gesch. d. engl. Litt. d. 19. Jahrh." Leipzig.
H. Taine: „Histoire d. l. litterat. anglaise". Paris 1863.
„Oesterreich. Rundschau". Herg. v. Edlinger. Wien 1883. 1. Heft.
„Magazin f. d. Litter. d. In- u. Auslandes". Jahrg. 1879. Leipzig.
„Münchener Allgem. Zeitung". Jahrg. 1888 Nr. 24, 25.
„Berichte d. freien deutsch. Hochstifts" zu Frankfurt a/M. Jahrg. 1885/86. H. 3 u. 4.

I. Einleitung.

„*Was Du ererbt von Deinen Vätern hast,
Erwirb es, um es zu besitzen.*"
(*Goethe, Faust I. Theil*).

»Für das Verständniss geistiger Erscheinungen gibt es keine exakte Methode; es gibt keine Möglichkeit, unwidersprechliche Beweise zu führen; es hilft keine Statistik, es hilft keine Deduction a priori; es hilft kein Experiment. Der Philolog hat kein Mikroskop und kein Skalpell; er kann nicht anatomisiren, er kann nur analysiren«.[1]

Die folgende Arbeit versucht es, eine solche Analyse zu geben. Die litterarischen und persönlichen Beziehungen zwischen Goethe und Byron sollen aufs neue untersucht werden. Kein Gebäude der Litteraturgeschichte ist so fest gefugt, dass nicht noch Lücken vorhanden wären und wenn auch gerade das Feld, auf dem sich meine Arbeit bewegt, die üppigsten Blüthen der Forschung zeitigte, ist es doch möglich, mit Benützung der eigentlichen Quellen und jüngsten Veröffentlichungen zu neuen Ergebnissen zu gelangen.

Der Briefwechsel Goethe's, der nunmehr fast vollständig vorliegt, ergänzt und erweitert das Bild, das man sich bisher von den persönlichen Beziehungen beider Dichter machte

---

1) Wilhelm Scherer Aufsätze über Goethe S. 4 Berlin 86.

und durch die in der letzten Zeit über Byron und den Zusammenhang seiner dichterischen und persönlichen Individualität erschienenen Untersuchungen hat man die Mittel zur Hand, das Verhältniss der Goethe'schen Dichtungen zu den Byron'schen und umgekehrt richtig zu stellen. Was ist nicht alles über »Faust« und »Manfred« und die Abhängigkeit »Manfred's« von »Faust« in den Litteraturgeschichten geschrieben und zur »fable convenue« geworden.[1])

Erst die Bücher Taine's und Brandes über die Englische Litteratur, sowie zwei öfters anzuführende Aufsätze von Karl Hillebrand und Professor Alois Brandl begannen die Aehnlichkeiten und Verschiedenheiten beider Dichtungen richtig zu beurtheilen. Nebenher laufen die psychologischen Untersuchungen Karl Bleibtreu's, die für die Beurtheilung von Manfred's Verbrechen und Schuld und somit auch für die Richtigstellung des Verhältnisses »Manfred's« zu »Faust« von Wichtigkeit sind.

Die folgende Arbeit will nun in erster Linie aus all diesen Einzelstudien und den eigenen, gegenseitigen Beurtheilungen der beiden Dichter eine klare Einsicht in ihr wahres persönliches und litterarisches Verhältniss gewinnen, in zweiter Linie aber auch, in das Wesen, die Aehnlichkeiten und Unähnlichkeiten ihrer Dichtung und Lebensauffassung näher eindringen, um gerade dadurch den richtigen Standpunkt für eine vergleichende litteraturgeschichtliche Skizze zu gewinnen, die nicht nur am gegebenen Stoff haftet, sondern auch die Entwickelung der ganzen Poesie in's Auge fasst. — Goethe und Byron müssen eben nicht als Hauptvertreter der letzten grossen Epoche der Poesie betrachtet werden, wie es z. B. Mazzini thut, sondern im Gegentheil

---

1) So sagt z. B. Adolf Stern in seiner Geschichte der Litteratur »Manfred« sei ein Nachklang von Goethe's »Faust.« — Ein andermal — Bornhak »Lexicon d. allgem. Litteraturgesch.« — werden im »Manfred«, wie im »Faust«, die Räthsel des Menschenlebens zu lösen gesucht, und der verstorbene Johannes Scherr lässt Byron gar die alte Faustsage »variiren.«

als Pfadfinder und Pfadweiser der modernen Poesie überhaupt.

Goethe zählt zu seinen geistigen Vätern die Voltaire und Rousseau, Byron fusste gleichfalls auf dem von diesen geschaffenen, geistigen Nährboden und ging ausserdem direkt aus der Revolution hervor. Byron und Goethe verkörpern den modernen Menschen im idealsten Sinn. — Dass Byron an dem Zwiespalt seines Wesens zu Grunde ging und mehr negativ, wie Goethe vorhob, in seinen Dichtungen sich äusserte, ändert an dieser Thatsache nichts. — Er verrichtete Zeit seines Lebens herkulische Dichterarbeit, kämpfte gegen Lüge und Heuchelei und sühnte seine Schuld in glorreichem Tod. — An dem vergeblichen Bemühen, kraft seines eisernen Willens über sich selbst und maasslose ererbte Leidenschaften Herr zu werden und die heuchlerische Welt durch Sichselbstversenken in die Allgemeinheit, das Unendliche, zu überwinden, ging er zu Grunde. Goethe ging als Sieger hervor aus diesem Kampfe, der keinem Genie erspart bleibt.

Goethe bedeutet die Vollendung und Abklärung des Byron'schen revolutionären Geistes. So sagt er:

»Ich habe nur begehrt und nur vollbracht,
Und abermals gewünscht, und so mit Macht
Mein Leben durchgestürmt; erst gross und mächtig,
Nun aber geht es weise, geht bedächtig.
Der Erdenkreis ist mir genug bekannt,
Nach drüben ist die Aussicht uns verrannt.
Thor, wer dorthin die Augen blinzelnd richtet,
Sich über Wolken seines Gleichen dichtet.
Er stehe fest und sehe hier sich um!
Dem Tüchtigen ist diese Welt nicht stumm.«

Diese Worte des alten Faust sind nicht der Ausdruck seniler schwächlicher Lebensphilosophie, sondern weiser Selbstbeschränkung, zu der sich Goethe durchgerungen hatte. — Aber derselbe alternde Goethe setzte Byron, der in selbständiger und glänzender Weise die Sturm- und Drangperiode reproduzirte, die er selbst in seiner Jugend erlebt hatte, ein unvergängliches Denkmal.

»Die Verachtung einer conventionellen Welt, der prometheische Trotz, die Sehnsucht nach dem Unendlichen, das leidenschaftliche Gefühl der Verzweiflung an einer Lösung der Geheimnisse des Daseins — kurz dieselben Gemüthsbewegungen, denen er Ausdrucksweise verliehen hatte, als er seinen »Werther« und »Faust« schrieb, behaupten sich von Neuem mit staunenswürdiger Kraft und Originalität in dem Verfasser von »Childe Harold«, »Manfred« und »Kain«. Es war natürlich, dass der ältere Dichter tief ergriffen wurde durch ein solches Phänomen, obgleich die Periode, in welcher er selbst durch solche Phasen des Sturmes und Dranges hindurchgegangen war, weit hinter ihm lag.[1])

Goethe und Byron gehören zusammen, wenn es sich darum handelt, das Wesen des modernen Menschen und seiner Poesie zu ergründen. Je mehr wir uns Byrons und Goethes Erbschaft aneignen, je mehr wir sie erwerben, um sie zu besitzen, desto reiner wird unsere Erkenntniss vom Wesen wahrer Poesie werden und von dem, was dem modernen Menschen Noth thut.

Die französische Revolution ist in ihren Wirkungen noch nicht zu Ende. Goethe hat sie überwunden, der moderne Mensch noch nicht.

»Alles was war, ist nicht mehr —
Alles was sein wird, ist noch nicht.«

»Notre génération, comme les précédentes, a été atteinte par la maladie du siècle, et ne s'en relèvera jamais qu'à demi. Nous parviendrons à la verité, non au calme. La démocratie instituée excitait nos ambitions sans les satisfaire; la philosophie proclamée allumait nos curiosités, sans les contenter.«

Diese Worte Taine's bezeichnen richtig die Stimmung einer Generation, auf die das Erbe Byron's mit seinem

---

1) Fr. Althaus: Ueber die persönl. Beziehungen Goethe's und Byron's, Beilage z. Allgm. Zeitung 1888 Nr. 24 und 25.

negativen Skeptizismus und Nihilismus ohne die positive Lebensarbeit Goethe's, seinen ersten und zweiten Theil des »Faust«, übergegangen ist. Wie Faust, so muss auch der moderne Mensch und die moderne Poesie vom Individualismus und der ewigen Variation des Kain'schen »Und ich?« zum Goethe'schen Ueberwinden des eigenen Ich vorschreiten und der moderne Mensch muss zur Erkenntniss gelangen, dass nur im Aufgehen in der Allgemeinheit Heil und Erlösung von fruchtlosem Skeptizismus beruht.

II. Die persönlichen Beziehungen.

a) Lebensverhältniss.

Ein intimes Freundschaftsband, wie es sich um Goethe und Schiller schlang, hat Goethe und Byron allerdings nicht verknüpft; dazu waren der deutsche und der englische Dichter zu weit von einander getrennt durch Nationalität, durch Alter und, was in solchen Dingen wohl die Hauptsache ist, durch locale Entfernung. Sie haben sich nie persönlich gesehen, konnten daher auch nicht so recht in einander wachsen. Aber sie haben doch aus der Ferne ehrfurchtsvoll den Hut vor einander gezogen, haben sich freundschaftlich gegrüsst, aufrichtig bewundert und in der dichterischen Produktion beeinflusst.[1]

Goethe war es gewöhnt, sich mit englischer Litteratur zu beschäftigen. Wann er zum ersten Male den Werken Byron's näher trat, ist nicht genau zu bestimmen.

»Im Jahre 1816, also einige Jahre nach dem Erscheinen des 1. Gesanges des »Childe Harold«, trat englische Poesie und Litteratur vor allen anderen in den Vordergrund. Lord Byron's Gedichte, je mehr man sich mit den Eigenheiten dieses ausserordentlichen Geistes bekannt machte, gewannen immer grössere Theilnahme, so dass Männer und Frauen,

---

1) Vgl. hierüber Alois Brandl, Goethe und Byron, Oesterreich. Rundschau S. 62—69, Wien 1883, I. Heft.

Mägdlein und Junggesellen fast aller Deutschheit und Nationalität zu vergessen schienen. Bei erleichterter Gelegenheit, seine Werke zu finden und zu besitzen, ward es auch mir zur Gewohnheit, mich mit ihm zu beschäftigen. Er war mir ein theurer Zeitgenosse und ich folgte ihm in Gedanken gern auf den Irrwegen seines Lebens.« [1])

Von hier an verfolgte Goethe die Dichtungen und Lebensschicksale Byron's mit gesteigertem Interesse.

Byron stand der deutschen Litteratur fast fremd gegenüber. Er verstand kein Deutsch. Die Vermittlerrolle spielte das Französische, Englische und Italienische. Das erste Buch, das über das geistige Leben in Deutschland einen zusammenfassenden und lesbaren Bericht gab, war »De l'Allemagne« der Frau von Staël und machte als solches auf Byron und seine Landsleute einen tiefen Eindruck. Es rief eine Reaktion hervor gegen die maasslose Verachtung, welche die herrschende Partei der Antijakobiner aus politischen, confessionellen und socialen Gründen seit einem Dutzend Jahren auf die vorher maasslos bewunderte deutsche Poesie gewälzt hatte. Es erfuhr 1813 eine Uebersetzung und die ausführliche Besprechung derselben im XXII. Bande der »Edinburgh Review« war die erste laute Stimme, welche das leitende kritische Organ wieder für die Deutschen zu erheben wagte. Um dieselbe Zeit muss auch Byron das Buch gelesen haben; denn als er im Dezember 1813 »The bride of Abidos« durch die Presse gehen liess, fügte er einige Verse hinzu, von welchen der Eingangsvers ohne Zweifel eine unbewusste Reminiscenz aus dem Mignonliede »Kennst Du das Land« ist; und zwar geht er nicht direkt auf das deutsche Original zurück, sondern auf die freie französische Uebersetzung, welche die Staël mitgetheilt hatte. Sie erlaubte sich nämlich, statt von blühenden Citronen von blühenden Myrten zu sprechen (Cette terre, où les myrtes

---

1) Goethe's Sämmtl. Werke, Stuttgart, 1858 XXI, 245.

fleurissent) und ebenso that Byron (Know you the land where the cypress and myrtle).[1])

Aber Byron lernte aus diesem Buche noch mehr über Goethe: die Kapitel über »Wilhelm Meister« und Werther und jedenfalls auch das glänzende 23. Kapitel über Faust, auf den sich künftighin all sein Goethe-Enthusiasmus concentrirte. Wir können also sagen: Zu Ende des Jahres 1813 besass Byron bereits eine sehr klare und richtige Kenntniss von Goethe. Von dieser Zeit an wurde er den Faust und seine Geister nicht mehr los. Immer kehrten seine Gedanken zu diesem weltbewegenden Drama zurück. Von den Deutschen im Allgemeinen war Byron kein besonderer Freund; die Oesterreicher hasste er geradezu. Desto mehr verehrte er ihren Dichter Grillparzer. Es geht dies aus einer Tagebuchnotiz und einer Gesprächsstelle hervor, die hier angeführt werden sollen, weil sie zugleich sein Verhältniss zur deutschen Litteratur beleuchten:

»In demselben Monat bekam ich eine Einladung nach Holstein von einem Herrn Jacobson (wenn ich nicht irre) aus Hamburg; auch mit derselben Gelegenheit eine Uebersetzung des Liedes der Medora im Corsar von einer westphälischen Baronesse (aber nicht der »Thunderton-Tronk«) nebst einigen Originalversen von ihr selbst (die sehr nett und echt Klopstockisch waren) und einer hinzugefügten prosaischen Uebersetzung, deren Gegenstand meine Frau war. Da mehr ihr Verhältniss als das meinige darin berührt war, so schickte ich sie ihr zu, zugleich mit dem Schreiben des Herrn Jacobson. Es war seltsam genug, dass ich in Italien von Leuten, die mir gänzlich unbekannt waren, eine Einladung empfing, den Sommer in Holstein zuzubringen. Der Brief war nach Venedig adressirt. Hr. J. erzählte mir von den wilden Rosen, die im holsteinischen Sommer wüchsen. Warum sind denn aber die Cimbern und Teutonen ausgewandert?«

---

[1] Vgl. Alois Brandl: Byron und Goethe.

Tagebuch. 12. Jan. 1821. Mitternacht. »Ich las Guido Sorellis italienische Uebersetzung Grillparzers — ein verteufelter Name freilich für die Unsterblichkeit, aber unsere Nachkommen m ü s s e n ihn aussprechen lernen. Abgesehen von den Mängeln einer jeden Uebersetzung und vor Allem einer italienischen, ist die Tragödie »Sappho« herrlich, erhaben. Das kann Niemand leugnen. Der Mann hat mit diesem Stück einen grossen Wurf gethan. Wer ist er? Ich kenne ihn nicht, a b e r d i e N a c h w e l t wird i h n k e n n e n — es ist ein ausgezeichneter Kopf.

»Ich muss allerdings vorausschicken, dass ich nichts von Adolf Müllner (dem Verfasser der »Schuld«) gelesen habe und nicht so viel aus Goethe's, Schiller's und Wieland's Werken, wie ich sollte und wünschte. Ich kenne sie nur durch das Medium der englischen, französischen oder italienischen Uebersetzungen.

»Von der Sprache selbst weiss ich absolut nichts, ausgenommen ein paar Flüche, die ich von Postillonen und Offizieren bei Zänkereien gehört habe. Ich kann, wenn ich will, schrecklich auf Deutsch fluchen: Sakrament, Verfluchter, Hundsfott u. s. w., aber von den weniger energischen Wörtern ihrer Sprache weiss ich sehr wenig.

»Ich mag übrigens ihre Frauen gern (wie ich mich denn auch einmal sterblich in ein deutsches Mädchen, Constanze, verliebt habe). Ebenso hat mir alles gefallen, was ich von ihren Schriftstellern aus Uebersetzungen kennen gelernt habe, dazu die Gegend und die Bevölkerung am Rhein! Nur die Oesterreicher verabscheue ich, hasse ich und — ich kann meinem 'Hasse gegen sie gar keine Worte leihen und es sollte mir leid thun, wenn ich jemals durch Thaten demselben Ausdruck gäbe, denn ich verabscheue jede Grausamkeit noch mehr, als ich selbst die Oesterreicher hasse, — nur plötzlich gereizt, kann ich heftig werden, aber nie aus eigenem Antrieb.

»Grillparzer ist gross, antik — nicht ganz so einfach

wie die Alten, aber doch sehr einfach für einen Neueren, ab und zu ein bischen zu Frau-von-Staëlisch; aber alles in allem ein grosser und tüchtiger Dichter.«

Auf seiner späteren Reise nach Deutschland hat Byron wenigstens die landschaftlichen Schönheiten unserer Heimath in herrlicher Weise besungen[1]) und auch etwas deutsche Sentimentalität scheint ihn angesteckt zu haben, wenn er schmachtende Grüsse in die eigene Heimath sendet und zugleich die Maiblumen, die er von den blauäugigen Mädchen erhalten, der Liebsten zum süssen Andenken schickt.

Byron war um vier Dezennien jünger als Goethe, fand also an diesem einen viel reiferen Geist, eine entwickeltere Individualität, eine höhere Technik.

Goethe fesselte an Byron in erster Linie die singuläre Persönlichkeit, das jugendliche Ungestüm, die Lust, stets das Schwerste zu erzwingen, die geniale Excentricität. Wie sich den Umrissen nach das eigentliche, persönliche Lebensverhältniss zwischen den beiden Dichtern gestaltete, soll hier nur kurz angedeutet werden.[2])

---

1) Burg Drachenfels schaut stolz, o Rhein,
Auf Deiner Wasser weite Bogen,
Sie heben sich, bekränzt vom Wein,
Und athmen auf in leichten Wogen;
Da Hügel, reich an Blütenbäumen,
Dort Felder, golden überflogen,
Gekrönt von Städten, hell in Räumen,
Mit weissem Mauerwerk umzogen —
Ein Schauspiel zwiefach schön zu sehn,
Könnt ich mit Dir mich da ergehn.
Und Mädchen wallen an dem Strand
Mit Augen tiefblau zum Entzücken,
Und Blumen bietet ihre Hand;
Der Burgen graue Zinnen blicken
Durch frisches Blättergrün hernieder,
Und Bogen, stolz umweht vom Flieder,
Das Thal der Rebenlauben schmücken;
Doch Eines fehlt dem Strand am Rhein —
Ich wandle ohne Dich, allein!

2) Näheres hierüber findet man vor allen Dingen bei Goethe selbst, Gesamm. Werke XXVI. 434 ff.; dann in Eckermanns Gesprächen. Ausserdem bieten werthvolles Ergänzungsmaterial die von Biedermann gesammelten Gespräche Goethe's, I — VII Leipzig 1889/90. — Die

»Eine wunderbare, mich nah berührende Erscheinung«, schreibt Goethe 1817, »war mir das Trauerspiel Manfred von Byron. Dieser seltsame Dichter hat meinen Faust in sich aufgenommen und hypochondrisch die seltsamste Nahrung daraus gesogen. Er hat die seinen Zwecken zusagenden Motive auf eigene Weise benutzt, so dass kein's mehr dasselbige ist und gerade deshalb kann ich seinen Geist nicht genug bewundern.«

Mit dieser Aeusserung stimmt auch die Anzeige des Manfred in »Kunst und Alterthum« vom Jahre 1820 überein. Sehr bald gründeten sich auf das Drama allerlei Vermuthungen von geheimen Verbrechen, über welche Byron hier ein verstecktes Bekenntniss abgelegt haben sollte. Auch Goethe gibt in der angeführten Anzeige nicht undeutlich zu verstehen, dass er dieses »märchenhafte Ereigniss« von einem doppelten Morde, veranlasst durch Byrons Leidenschaft für eine Dame in Florenz, für wahrscheinlich halte.

Durch eine Bemerkung von der Nachahmung des »Faust« und die schwere Anschuldigung wegen eines der Dichtung zu Grunde liegenden Verbrechens in höchstem Grade aufgeregt, beschloss Byron, sich durch eine spottende Widmung an Goethe zu rächen, welche dem »Marino Faliero« vorgedruckt werden sollte. Der Verleger behielt sie jedoch aus leicht begreiflicher Fürsorge für den Heisssporn in seiner Schublade und Goethe hat erst 10 Jahre später durch den jüngeren Murray von dieser Widmung Kenntniss erhalten. Für die Beurtheilung des persönlichen Verhältnisses Byrons zu Goethe ist dieselbe von höchster Wichtigkeit. Sie zeigt in ihrer Nonchalance und stolzen, selbstbewussten Ironie den

---

Monographien von Springer, der Artikel von Friedr. Althaus in der »Allgem. Zeitung«, sowie der Vortrag von Werner stellen die Motive übersichtlich zusammen und bringen auch manches Neue aus jüngst erschienenen »Briefwechseln« und »Tagebüchern«. — Einen Aufsatz von Broch, der im »Deutschen Dichterheim« Nr. 7 erschienen sein soll und im »Goethejahrbuch« V 418 angezeigt ist, konnte ich nicht auffinden, wie denn überhaupt die bibliograph. Angaben des sonst so vortreffl. »Goethejahrbuchs« oft ungenau sind.

ganzen Lord, der unter dem leichten, witzigen Plauderton sein Befremden darüber ausdrückt, von dem »Lehnsherrn« in vielen Beziehungen verkannt und auch ein wenig geschulmeistert zu werden. Interessant ist ausserdem, mit welchem ernsten Eifer Byron die Adresse seines Briefes feststellt: »an den Baron Goethe«[1]), die grossen Orden und Titel des Premierministers von Weimar mögen gewaltigen Eindruck auf Se. Lordschaft gemacht haben! Zum Schlusse des Briefes bricht allerdings die Bewunderung für den grossen Mann in reiner Grösse hervor. Die wichtigsten Stellen dieser eigenthümlichen Widmung sollen hier folgen:

Zueignung an Baron Goethe.

»Es wird ferner von Ihnen behauptet, der „vorherrschende Character der ganzen Gesammtheit der jetzigen englischen Dichter sei Ueberdruss am Leben und Verachtung desselben." Allein ich bin eher der Meinung, dass Sie selbst durch ein einziges prosaisches Werk eine grössere Lebensverachtung hervorgebracht haben, als alle Bände englischer Poesie, die jemals geschrieben worden sind. Frau von Stäel sagt: Werther hätte mehr Selbstmorde verursacht, als das schönste Weib in der Welt.

Meine Hauptabsicht, indem ich ein Wort zu Ihnen reden wollte, war aber die, meine aufrichtige Hochachtung und Bewunderung gegen einen Mann auszudrücken, der ein

---

1) An Herrn Murray.
Ravenna, d. 17. Oktober 1820.
Inliegend folgt die Zueignungsschrift des Marino Falerio an Goethe. Fragt sich — titulirt man ihn Baron oder nicht? Ich sollte denken, ja. Schreiben Sie mir, was Sie dazu meinen u. s. w.
P. S. Lassen Sie mich wissen, was Hr. Holbouse und Sie über die beiden prosaischen Briefe und Herausgabe derselben entschieden haben. — Ich lege Ihnen einen italienischen Auszug aus dem Anhang des deutschen Uebersetzers von Manfred bei, worin Sie angeführt finden werden, was Goethe von dem ganzen Korps der englischen Dichtkunst (nicht von mir insbesondere) sagt. Hierauf gründet sich die Zueignungsschrift, wie Sie bemerken werden, ob ich gleich schon früher auf den Gedanken gekommen war; denn ich halte ihn für einen grossen Mann.

halbes Jahrhundert hindurch an der Spitze der Litteratur einer grossen Nation stand und als der 1. litterarische Charakter seines Zeitalters auf die Nachwelt übergehen wird.

»Sie haben, mein Herr, nicht allein mit Ihren Schriften, sondern auch mit Ihrem Namen selbst Glück gehabt, weil er melodisch genug ist, um von der Nachwelt ausgesprochen werden zu können. Hierin haben Sie einen Vorzug vor mehreren Ihrer Landsleute, deren Namen vielleicht auch unsterblich sein würden — wenn sie nur ein Mensch artikuliren könnte.

»Es könnte vielleicht wegen des scheinbar leichtfertigen Tons dieser meiner Aeusserungen gemutmasst werden, dass es mir an wahrer Hochachtung gegen Sie fehle; das würde aber ein Fehlschuss sein; denn eine prosaische Schreibart ist immer nachlässig. Da ich Sie, wie ich mit der herzlichsten Innigkeit sagen darf, mit allen Ihren Landsleuten und den meisten anderen Nationen bei weitem als den ersten litterarischen Charakter betrachte, der in Europa seit Voltaires Tod existirt hat, so lag und liegt mir noch daran, Ihnen nachstehendes Werk zueignen zu können, — nicht als ob es eine Tragödie oder auch nur ein Gedicht wäre (denn ich kann über die Ansprüche, die es etwa machen könnte, entweder das eine oder das andere, oder beides zugleich, oder keines von beiden zu sein, gar nicht entscheiden), sondern nur als Zeichen von Hochschätzung und Bewunderung eines Fremden gegen den Mann, der in Deutschland als der »grosse Goethe« gefeiert wird.

»Ich habe die Ehre zu sein u. s. w.
Byron.«

Ein Seitenstück und eine psychologische Ergänzung der Stimmung dieser Widmung bildet das ungeheuchelte Interesse, das Byron empfindet, als man ihm von den vielen Feinden seines deutschen Freundes und Schirmherrn erzählt.[1]

---

1) Als ich zufällig Lord Byron erzählte, dass Goethe viele persönliche Feinde in Deutschland habe, drückte er eine Art Interesse aus,

Solche psychologischen Details sind zur Beurtheilung des persönlichen Verhältnisses zweier grosser Männer absolut nicht unwichtig, und man braucht sich noch nicht auf den Standpunkt gewisser Engländer zu stellen, die das Thun und Treiben grosser Männer auf kleinliche und bizarre Motive zurückführen, indem sie die Verehrung Byrons für Goethe aus einer aristokratischen Caprice erklären wollen, wenn man daran erinnert, dass zwei grosse Dichter von kleinlichen Schwächen bei ihrer gegenseitigen Beurtheilung nicht frei waren.

Hieher gehört auch das Kapitel von den gegenseitigen Plagiatbeschuldigungen.[1]) Goethe selbst als der erste deutsche Byron-Forscher, hat dazu den Anstoss gegeben, indem er

---

mehr darüber zu erfahren, das sehr wie Shylocks Freude über Tubals Nachricht: — »Ja, andere Menschen haben auch Unglück!« — aussah und als ich die Geschichte einer ins Deutsche, in Goethe's unmittelbarer Nähe, zu Jena übersetzten, sehr ungerechten Edinburger Kritik hinzufügte, zeigte Byron zuerst eine seltsame Begier, dieselbe zu hören, hielt sich dann plötzlich zurück und sagte halb im Ernste, aber doch lachend: »Und doch weiss ich nicht, was für Sympatie ich für Goethe haben kann, wenn nicht die, welche ich für einen beleidigten Autor empfände.«

1) Von Goethe's Faust hatte er durch Snelley Kenntniss, der ihm das Ganze schilderte und mehrere Stellen übersetzte, da Byron nur sehr wenig Deutsch verstand. Das that ihm um der Werke Goethe's Willen sehr leid. Indessen scheint sein Freundeszirkel die Originalität des Faust etwas in Zweifel gezogen zu haben. Abgesehen von der Nachahmung Hiobs (Byron hatte einmal die Absicht, dieses theologische Drama zu bearbeiten, gab es aber wegen der Unerreichbarkeit des Gegenstandes auf) fand man Marlowes »Faust« und Calderons »Magus«, auch Shakespeare etwas kopirt. Byron hätte vielleicht von diesen Plagiaten abstrahirt, wenn das merkwürdige »Zeugniss des Ueberlebenden« ihm bekannt gewesen wäre, obwohl der Dichterfürst darin sagt »die Bemühungen des Deutschen seien dem Engländer nicht fremd geblieben, der davon in seinen Gedichten unzweideutige Beweise dargelegt habe.«

»Ich habe« — sagte Goethe — »alle jene von Lord Byron angeführten Herrlichkeiten grösstentheils nicht einmal gelesen, viel weniger habe ich daran gedacht, als ich den »Faust« machte. Aber Lord Byron ist nur gross, wenn er dichtet; wenn er reflektirt, ist er ein Kind.«

Byron's Behauptung, die Scene in Gretchens Schlafzimmer (Fragment 1790 S. 88) habe Goethe aus Skakespeares »Cymbeline«, findet Düntzer mit Recht ohne Begründung (Erläuterung zu Faust, 1850, S. 280.) Der Monolog des Jachimo hat in der That mit dem Gefühl keine Aehnlichkeit, von dem Faust ergriffen wird.

seinem »Faust« einen grösseren Einfluss auf »Manfred« zuschrieb, als der Wirklichkeit entsprach. Weiterhin musste den trotz aller Verehrung und Bewunderung auf seinen selbständigen Dichterruhm bedachten Lord ein wenig die Protektormiene irritiren, die ihm, dem jüngeren, gegenüber der »hochberühmte Goethe« öfters anzunehmen pflegte.

Sehr bald jedoch trat die Hochachtung, welche Byron für Goethe besass, wieder in ihr volles Recht ein und sie gab sich besonders in der Dedikation des Trauerspiels »Sardanapal« an Goethe zu erkennen, von welcher er das Originalblatt dem Dichter zusandte, mit der Anfrage, ob sie dem genannten Stück vorgedruckt werden dürfe. Die Zueignung wurde dankbar angenommen, der »Sardanapal« erschien jedoch ohne diese Widmung, woran, wie wir aus einem Briefe Byron's ersehen, der Verleger Murray schuld war. Er schreibt an diesen: »Was Sie von Ihrem schlechten Gedächtnis sagen, so kann ich nur die Bemerkung machen, dass Sie die Zueignung des »Sardanapal« an Goethe unterschlagen haben, welches mir gar nicht lieb gewesen ist und ich wünschte, dass dergleichen in Zukunft vermieden würde.« Goethe gelangte erst am 26. März 1826 in den Besitz der Widmung und zeigte sich dabei in der heitersten und herzlichsten Stimmung.

Wie sehr Goethe den englischen Dichter schätzte, das zeigt sich ganz besonders auch in der Anerkennung, welche er ihm bei der Anzeige von dessen Dichtungen »Cain«, »Don Juan« und »Manfred« zu Theil werden liess. Auch übersetzte er von beiden letzteren einige Partien ins Deutsche.[1]
Er bewundert am Don Juan die sich darin offenbarende »grenzenlose Genialität«, den »frechen Muthwillen«, und scheut sich nicht, eine treue, ruhige, wohlthätige Nation mit dem Unsittlichsten, was jemals die Dichtkunst vorgebracht,

---

1) Lord Byron's Invektive gegen die Edinburger wollte Goethe ebenfalls übersetzen, doch nöthigte ihn die Unkunde der vielen Partikularien bald inne zu halten. (Goethe's Sämmtl. Werke XXI, 281.)

bekannt zu machen. Er rühmt am »Cain« den glühenden Geistesblick des Dichters, welcher das Vergangene sowohl als das Gegenwärtige und im Gefolge dessen auch das Zukünftige zu durchdringen versteht.¹)

Byron gab einen neuen Beweis seiner Freundschaft durch die Zueignung seines Trauerspiels »Werner«: »Dem hochverehrten (illustrious) Goethe wird dieses Trauerspiel von einem seiner ergebensten Bewunderer zugeeignet.²)

Goethe's Absicht, dem ausgezeichneten Mann für die Beweise seiner Freundschaft sein eigenes, herzliches Wohlwollen auszusprechen, wurde schneller ins Werk gesetzt, als ein junger Engländer, Sterling mit Namen, im Frühjahre 1823 auf einer Reise von Genua nach Weimar ein Empfehlungsschreiben von Byron's Hand überbrachte und sich zugleich das Gerücht verbreitete, der Lord wolle Europa verlassen. Goethe schickte durch Sterling das bekannte Sonett: »Ein freundlich Wort kommt eines nach dem andern.« Der poetische Gruss gelangte nach Genua, als Byron schon abgesegelt war. Stürme zwangen ihn jedoch in Livorno zu

---

1) vgl. Werner, Goethe und Byron, Berichte des freien deutsch. Hochstifts S. 181 ff.

2) »Ich denke den »Werner« Goethe zuzueignen,« sagte er. »Goethe betrachte ich als den grössten Genius, den das Zeitalter hervorgebracht hat. Ich bat Murray, einem früheren Werke seinen Namen vorzusetzen; aber er behauptet, mein Brief, der die Aufforderung enthielt, sei zu spät gekommen. Jenes wäre seiner würdiger gewesen als dieses. Ich bin sehr neugierig nach allem, was Goethe betrifft und erfreue mich an dem Gedanken, dass einige Analogie zwischen unseren Charakteren und Schriften ist. So grosses Interesse nehme ich an ihm, dass ich 100 Pfund bot, wer mir seine »Selbstbiographie« für meinen eigenen Lesebedarf übersetzen wollte. Shelley hat mir zuweilen einen Theil davon erklärt. Er scheint sehr abergläubisch zu sein und glaubt oder glaubte vielmehr an Astrologie, denn er war sehr jung, als er den ersten Theil seines Lebens schrieb. — Ich gäbe die Welt darum, den Faust im Original zu lesen. Ich drang in Shelley, ihn zu übersetzen; aber er sagte, der Uebersetzer des »Wallenstein« sei der einzig lebende Mensch, der den Versuch wagen könne; er habe an Coleridge geschrieben, aber vergeblich. Ein Mann, der ihn übersetzen wolle, müsse denken wie er.« — »Wie erklären Sie die erste Zeile?« sagte ich, »die Sonne donnert durch den Himmel?« — »Er spricht von der Musik der Sphären im Himmel,« sagte er, »in welchen die erste Scene versetzt ist, wie im Hiob«

landen, wo er Goethe's Gedicht empfing und mit einem
»reinen, schön gefühlten Blatt erwiederte.¹)«

Alles, was auf sein Verhältniss zu Byron Bezug hatte,
verwahrte Goethe in einem rothen Portefeuille, das er heilig
hielt.²)

Als er »der Einzige, den Byron unter den Goten geliebt«, den Tod des Ebenbürtigen seinem Freunde Knebel
in Jena meldete, erhob sich der Alte von seinem Platze am
Fenster, von wo er seinen lieben Nachbarn, den Hausberg,
wie gewöhnlich im Abendglühen entzückt bewundert hatte,
und legte, stilltrauernd, einen Cypressenzweig aus seinem
Garten auf das Bildniss des Briten.

»Goethe, schreibt David d'Angers in seinem Tagebuch,
aime jusqu' à la passion lord Byron. Un jour il est sorti
de son calme impassible devant un compatriote du poëte
anglais, qui s'était permis de blasphémer la mémoire du
chantre de »Childe Harold.«

b) Gegenseitige Beurtheilungen.

Byron that es angesichts der Brutalität, mit welcher er
sich von seinen Landsleuten behandelt sah, wohl, dass er
bei dem berühmten Ausländer Lob und Liebe fand. Die

---

1) Vgl. Springer, Essays S. 328.
2) »Sehen Sie«, sagte er, »hier habe ich alles beisammen, was auf
mein Verhältniss zu Lord Byron Bezug hat. Hier ist sein Brief aus
Livorno, dies ist ein Abdruck seiner Dedikation, dies mein Gedicht,
hier das, was ich zu Medwins Konversationen geschrieben; nun fehlt
mir blos sein Brief aus Genua, aber sie will ihn nicht hergeben.«
Goethe sagte mir sodann von einer freundlichen Aufforderung, die in
Bezug auf Lord Byron heute aus England an ihn ergangen und die ihn
sehr angenehm berührt habe. Sein Geist war bei dieser Gelegenheit
ganz von Byron voll und er ergoss sich über ihn, seine Werke und
sein Talent in tausend interessanten Aeusserungen.

»Die Engländer«, sagte er unter Anderem, »mögen auch von Byron
halten was sie wollen, so ist doch so viel gewiss, dass sie keinen
aufzuweisen haben, der ihm zu vergleichen wäre. Er ist anders als
alle übrigen und meistentheils grösser.« (Eckermann, Gespräche mit
Goethe I, 179).

bitteren Empfindungen, die sich ihm wohl bei einzelnen Partien der Goethe'schen Kritiken und Anzeigen seiner Dichtungen aufdrängen mussten, verschwanden vor dem ehrlichen Gefühl der Bewunderung. Aus folgenden zwei Briefen geht dies klar hervor:

»An Herrn Hoppner.
Ravenna, den 25. Mai 1820.

Ein Deutscher, Namens Rupprecht, hat mir, Gott weiss warum, mehrere deutsche Zeitungen zugeschickt, aber von dem allen verstehe ich kein Wort, kann's nicht einmal lesen. Ich schicke Ihnen Beikommendes mit der Bitte, mir doch einige darin enthaltene Bemerkungen, deren Verfasser Goethe zu sein scheint, über den Manfred zu übersetzen — die, wenn ich nach 2 Ausrufungszeichen, welche bei uns gewöhnlich nach etwas Lächerlichem gesetzt werden, und dem Wort »hypochondrisch« urtheilen darf, nichts weniger als vortheilhaft für mich sind. Ich würde mich allerdings darüber ärgern, denn ein beifälliges Wort von Goethe würde mich stolz gemacht haben; meine Meinung über ihn ändere ich aber darum doch nicht, und sollte er auch unartig gewesen sein. Werden Sie mir mein Ansinnen nicht übel nehmen und mir die Gefälligkeit erzeigen? Kehren Sie sich übrigens an nichts, suchen Sie es nicht etwa zu mildern, im Schriftwesen bin ich kugelfest, denn man hat mir schon genug Gutes und Böses fast in allen neueren Sprachen nachgesagt.

Seien Sie versichert, dass u. s. w.«

»An Herrn Murray.
Ravenna, den 7. Juli 1820.

Beiliegend finden Sie etwas, das Sie interessiren wird, nämlich das Urtheil des grössten Mannes in Deutschland — vielleicht in Europa — über einen der grossen Charaktere Ihrer litterarischen Anzeigen (lauter »flotte Bursche« wie Jacob Tonsen von seinem Lumpengesindel zu sagen pflegte) — kurz, eine Kritik von Goethe über Manfred. Da haben Sie das Original, eine englische Uebersetzung und eine italienische; bewahren Sie alle in ihren Archiven; denn die Urtheile eines Mannes, wie Goethe, mögen sie nun ungünstig sein oder nicht, sind immer interessant — und dieses umsomehr, da es günstig ist.«

Aehnlich hat sich andererseits Byron um Goethe verdient gemacht. Die Staël hatte zwar den guten Ruf der deutschen Litteratur jenseits des Canals im allgemeinen gerettet; aber um den Dichter des »Faust« dort einzubürgern, bedurfte er eines Mannes, der selbst von congenialer Grösse der Phantasie, von einer ähnlichen kühnen Geringschätzung für alles Philiströse beseelt war.

Byron war dazu berufen. Er hat Goethe nicht allseitig, aber aufrichtig und tief geschätzt; er, der Löwe des Tages äusserte seinen Enthusiasmus wiederholt in den entschiedensten Worten. Er hat auf solche Weise vor und neben Carlyle zuerst seinen Landsleuten energisch die Superiorität Goethe's gepredigt und dadurch dessen Stellung als Weltdichter mit begründet.[1]

Professor Alois Brandl ist gerade desshalb sicher im Irrthum, wenn er annimmt, das Verhältniss Byron's zu Goethe sei »durchaus ein artistisches« gewesen. Das Gegentheil ist der Fall. Byron war des Deutschen nicht mächtig, konnte sich also nicht betrachtend in die Werke des deutschen Dichters vertiefen. Was ihn geradezu magisch anzog und zum »litterarischen Vasallen« machte, war das Herausfühlen der in sich abgeschlossenen Persönlichkeit und die Empfindung davon, dass Goethe ihm an universeller Bildung und Bedeutung überlegen sei. Mit seinem warmen Herzen, das kein Falsch kannte, gab er sich ganz der Bewunderung hin und gerade aus diesem persönlichen Verhältnis erklärt sich sein Festhalten an dieser Verehrung trotz vorübergehender Verstimmungen.

---

[1] Vgl. Brandl, Goethe und Byron S. 68.

Goethe's Verhältniss zu Byron war umgekehrt mehr ein artistisches. Erst in der letzten Zeit kam das persönliche Gefühl stärker zum Ausdruck, dann allerdings rein und gross, das Bild des englischen Dichters fast verklärend. Gerade daraus, dass die Urtheile Goethe's über Byron's Werke eigenthümlichen Schwankungen und Veränderungen unterworfen sind,[1]) lässt sich erkennen, dass sein Urtheil hauptsächlich ein artistisches ist. »Die Lebens- und Dichtungsweise des Lord Byron erlaubt kaum gerechte und billige Beurtheilung. Er hat oft genug bekannt, was ihn quält; er hat es wiederholt dargestellt, und kaum hat irgend Jemand Mitleid mit seinem unerträglichen Schmerz, mit dem er sich wiederkäuend immer herumarbeitet.«

Das sind starke Worte und Goethe musste noch oft genug mit seinem heimlichen Abscheu gegen diese »hypochondrischen« Schrullen und Affektirtheiten — dafür hielt er die Byron'sche Verzweiflung — kämpfen, um zu einer gerechten, künstlerischen Würdigung der wirklichen Schönheiten zu gelangen.

Was ihm an Byron's Poesie hauptsächlich missfiel, war das »Negative« derselben, wie er es nannte; was ihm am Menschen nicht behagte, war das Unvermögen, sich sittlich zu beschränken und als Verderben für den Dichter sah er dessen Stand als Peer und Sichlossagen vom Herkömmlichen, Patriotischen an, auf das er als ganzer Engländer eigentlich angewiesen war:

»Lord Lyron ist zu betrachten als Mensch, als Engländer und als grosses Talent. Seine guten Eigenschaften sind vorzüglich vom Menschen herzuleiten; seine schlimmen, dass er ein Engländer und ein Peer von England war; und sein Talent ist inkommensurabel.

»Alle Engländer sind als solche ohne eigentliche Re-

---

1) Noch im Jahre 1820 will er sich, wie aus einem Gespräche hervorgeht, »gegen Byron erklären und hält den »Vampyr«, der gar nicht von Byron ist, für Byron's »bestes Produkt«, (siehe Biedermann, Gespräche IV, 18).

flexion; die Zerstreuung und der Parteigeist lassen sie zu keiner ruhigen Ausbildung kommen, aber sie sind gross als praktische Menschen. So konnte Lord Byron nie zum Nachdenken über sich selbst kommen; deswegen auch seine Reflexionen überhaupt ihm nicht gelingen wollen, wie sein Symbolum: »Viel Geld und keine Obrigkeit« beweist, weil durchaus vieles Geld die Obrigkeit paralysirt. Aber alles, was er produziren mag, gelingt ihm, und man kann wirklich sagen, dass sich bei ihm die Inspiration an die Stelle der Reflexion setzt. Er musste immer dichten; und da war denn alles, was vom Menschen, besonders vom Herzen ausging, vortrefflich. Zu seinen Sachen kam er wie die Weiber zu schönen Kindern; sie denken nicht daran und wissen nicht wie.

»Er ist ein grosses Talent, ein geborenes, und die eigentlich poetische Kraft ist mir bei Niemand grösser vorgekommen, als bei ihm. In Auffassung des Aeusseren und klarem Durchblick vergangener Zustände ist er eben so gross wie Shakspeare. Aber Shakspeare ist als reines Individuum überwiegend. Dieses fühlte Byron sehr wohl; desshalb spricht er von Shakspeare nicht viel, obgleich er ganze Stellen von ihm auswendig weiss. Er hätte ihn gerne verleugnet, denn Shakspeares Heiterkeit ist ihm im Wege; er fühlt, dass er nicht dagegen aufkam. Pope verleugnet er nicht, weil er ihn nicht zu fürchten hatte. Er nennt und achtet ihn vielmehr wo er kann, denn er weiss sehr wohl, dass Pope nur eine Wand gegen ihn ist.

»Seinem stets ins Unbegrenzte strebenden Naturell steht jedoch die Einschränkung, die er sich durch Beobachtung der 3 Einheiten auferlegte, sehr wohl. Hätte er sich doch auch im Sittlichen so zu begrenzen gewusst! Dass er dieses nicht konnte, war sein Verderben und es lässt sich sehr wohl sagen, dass er an seiner Zügellosigkeit zu Grunde gegangen ist. Er war gar zu dunkel über sich selbst. Er lebte immer leidenschaftlich in den Tag hin und wusste und bedachte nicht, was er that. Sich selber alles erlaubend und an anderen nichts billigend, musste er es mit sich selbst verderben und die Welt gegen sich aufregen. Mit seinem »English Bards and Scotch Reviewers« verletzte er gleich anfänglich die vorzüglichsten Litteratoren. Um nachher nur zu leben, musste er einen Schritt zurücktreten. In seinen folgenden Werken ging er in Opposition und Missbilligung fort; Staat und Kirche blieben nicht unangetastet. Dieses rücksichtslose Hinwirken trieb ihn aus England und hätte ihn mit der Zeit auch aus Europa getrieben. Es war ihm überall zu enge und bei der grenzenlosesten persönlichen Freiheit fühlte er sich beklommen; die Welt war ihm ein Gefängniss. Sein Gehen nach Griechenland war kein freiwilliger Entschluss, sein Missverhältniss mit der Welt trieb ihn dazu. Dass er sich vom Herkömmlichen, Patriotischen lossagte, hat nicht allein einen so vorzüglichen Menschen persönlich zu Grunde gerichtet, sondern sein revolutionärer Sinn und die damit verbundene beständige Agitation des Gemüths hat auch sein Talent nicht zur gehörigen Entwickelung kommen lassen. Auch ist die ewige Opposition und Missbilligung seinen vortrefflichen Werken selbst, so wie sie daliegen, höchst schädlich. Denn nicht allein, dass das Unbehagen des Dichters sich dem Leser mittheilt, sondern auch alles opponirende Wirken geht auf das Negative hinaus, und das Negative ist nichts. Wenn ich das Schlechte schlecht nenne, was ist da viel gewonnen? Nenne ich aber gar das Gute schlecht, so ist viel geschadet. Wer recht wirken will, muss nie schelten, sich um das Verkehrte gar nicht bekümmern, sondern nur immer das Gute thun. Denn es kommt nicht darauf an, dass eingerissen, sondern dass etwas aufgebaut werde, woran die Menschheit eine Freude empfindet.

»Der hohe Stand als englischer Peer war Byron sehr nachtheilig; denn jedes Talent ist durch die Aussenwelt genirt, geschweige eins bei so hoher Geburt und so grossem

Vermögen. Ein gewisser mittlerer Zustand ist dem Talent bei weitem zuträglicher, weshalb wir denn auch alle grossen Künstler und Poeten in den mittleren Ständen finden.

»Byrons Hang zum Unbegrenzten hätte ihm bei einer geringeren Geburt und niederem Vermögen bei weitem nicht so gefährlich werden können. So aber stand es in seiner Macht, jede Anwandlung in Ausführung zu bringen und das verstrickte ihn in unzählige Händel. Und wie sollte ferner dem, der selbst aus so hohem Stande war, irgend ein Stand imponiren und Rücksicht einflössen? Er sprach aus, was sich in ihm regte und das brachte ihn mit der Welt in einen unauflöslichen Konflikt.«

»Man bemerkt mit Verwunderung, welcher grosse Theil des Lebens eines vornehmen, reichen Engländers in Entführungen und Duellen zugebracht wird. Lord Byron erzählt selbst, dass sein Vater 3 Frauen entführt habe. Da sei einer einmal ein vernünftiger Sohn! Er lebte eigentlich immer im Naturzustande und bei seiner Art zu sein, musste ihm täglich das Bedürfniss der Nothwehr vorschweben. Deswegen sein ewiges Pistolenschiessen. Er musste jeden Augenblick erwarten, herausgefordert zu werden. Er konnte nicht allein leben. Deswegen war er trotz aller seiner Wunderlichkeiten gegen seine Gesellschaft höchst nachsichtig. Er las das herrliche Gedicht über den Tod des Generals Moore an einem Abend vor und seine edlen Freunde wissen nicht, was sie daraus machen sollen. Das rührt ihn nicht, und er steckt es wieder ein. Als Poët beweist er sich wirklich wie ein Lamm. Ein anderer hätte sie dem Teufel übergeben.

»Hätte Byron Gelegenheit gehabt, sich alles dessen, was von Opposition in ihm war, durch wiederholte derbe Aeusserungen im Parlamente zu entledigen, so würde er als Poët weit reiner dastehen. So aber, da er im Parlament kaum zum Reden gekommen ist, hat er alles, was er gegen seine Nation auf dem Herzen hatte, bei sich behalten, und es ist ihm, um sich davon zu befreien, kein anderes Mittel geblieben, als es poetisch zu verarbeiten und auszusprechen. Einen grossen Theil der negativen Wirkungen Byron's möchte ich daher **verhaltene Parlamentsreden** nennen, und ich glaube sie dadurch nicht unpassend bezeichnet zu haben.« (Eckermann, Gespräche mit Goethe, I. B. S. 146 ff., 170.)

All diese Bemerkungen, die zugleich eine köstliche Probe von Goethe's litterarischer Urtheilskraft abgeben, beweisen, dass der deutsche Dichter die Werke des Britten »artistisch« anzusehen gewohnt war. Erst als Byron todt war und das persönliche Gefühl Goethes stärker zum Vorschein kam, wird der Standpunkt und die Betrachtungsweise Byron gegenüber verändert und freier.[1] Derselbe Goethe, der sagte: »ich begreife nicht, wie ein so grosses Genie sich nach so vielen herrlichen Produktionen überall ennuyiren konnte und daher die griechischen Angelegenheiten nur als einen neuen Zeitvertreib leidenschaftlich ergriff«[2], und »sein griechisches Unternehmen hat etwas Unreines gehabt«[3] — derselbe Goethe erklärte später: »wäre Byron am Leben geblieben, er würde für Griechenland noch ein Lykurg oder

---

[1] Goethe sprach heute bei Tische sehr viel von dem Buche des Majors Parry über Lord Byron. Er lobte es durchaus und bemerkte, dass Lord Byron in dieser Darstellung weit vollkommener und weit klarer über sich und seine Vorsätze erscheine als in allem, was bisher über ihn geschrieben worden. »Der Major Parry« — fuhr Goethe fort — »muss gleichfalls ein sehr bedeutender Mensch sein, dass er seinen Freund so rein hat auffassen und so vollkommen hat darstellen können. Eine Aeusserung seines Buches ist mir besonders lieb und erwünscht gewesen, sie ist eines alten Griechen, eines Plutarch, würdig. »Dem edlen Lord« — sagt Parray — »fehlen alle jene Tugenden, die den Bürgerstand zieren und welche sich anzueignen er durch Geburt, durch Erziehung und Lebensweise gehindert war. Nun sind aber seine ungünstigen Beurtheiler sämmtlich aus der Mittelklasse, die denn freilich tadelnd bedauern, dasjenige an ihm zu vermissen, was sie an sich selber zu schätzen Ursache haben. Die wackeren Leute bedenken nicht, dass er an seiner hohen Stelle Verdienste besass, von denen sie sich keinen Begriff machen können.« »Nun wie gefällt Ihnen das« — sagte Goethe — »nicht wahr, so etwas hört man nicht alle Tage?« (Eckermann, Gespräche mit Goethe, I. B. S. 162.)

[2] Gespräche mit Eckermann V. 49.
[3] Biedermann. Gespräche V. 93.

Solon geworden sein.[1]) Und als Eckermann zweifelte, dass aus Byron's Schriften ein entschiedener Gewinn für **reine Menschenbildung** zu schöpfen sei, widerspricht Goethe mit den Worten: »Byrons Kühnheit, Keckheit und Grandiosität, ist das nicht alles bildend? Wir müssen uns hüten, es stets im entschieden Reinen und Sittlichen suchen zu wollen. Alles **Grosse** bildet, sobald wir es gewahr werden,« — ein Urtheil, wahrhaft jenseits von »Gut und Böse«.

---

1) Biedermann, Gespräche V. 108.

ziehen, er möchte ihn ins Gemeine verstricken und ihn Staub fressen machen; Faust aber hat einen Zug zum Guten und Edlen, der sich nie ganz unterdrücken lässt — und Mephisto muss ihm widerwillig dienen; er muss das Gute schaffen, obgleich er das Böse will. (Scherer, Aufsätze über Goethe S. 334 ff.)

So ist der Zauberer des sechzehnten Jahrhunderts, der unbefriedigte Forscher, der in der Magie sein Heil sucht, unter Goethe's Händen ein Symbol des guten, strebenden Menschen geworden, der, wenn sein hohes überirdisches Trachten an die Erdenschranken anstösst, wohl einmal irdischer Leidenschaft verfallen mag, des rechten Weges aber sich bewusst bleibt und in der thätigen Liebe das wahre Heil findet.[1]) So hat sich der »Faust« des ersten Theils, der alles oder nichts, alles auf einmal will, dieser Faust, in dem das Feuer des Geistes und das der Sinne flammend überschlägt, zur Klarheit durchgerungen. »Der nach Wahrheit und Natur brennende Goethe« hatte Befriedigung gefunden in der Philosophie Spinozas und auf seine Frage: »ist das Böse als etwas Positives zu betrachten oder nur als ein Phantom, das beim Abschluss der Rechnung in nichts zusammenfällt?« — auf diese Frage hatte ihm Spinoza sichere Antwort gegeben. Diese Frage war das eigentliche Problem des Faust.

Hermann Grimm führt dies in Folgendem klar und bedeutend aus:

»Die ungeheuere Frage war schliesslich, ob er das Böse als etwas Positives zu betrachten habe, oder ob es immer nur ein Phantom sein und beim Abschlusse der Rechnung in nichts zusammenfallen werde.

»Goethe's Glauben war das, aber er suchte Sicherheit. Diese, sahen wir, fand er in Spinoza's Lehre als das, was ihn am meisten zu ihm hinzog. Das war das eigentliche

---

1) Vergleiche Scherer, Aufsätze über Goethe.

Problem des Faust. Goethe sagte einmal: »von allen Verbrechen könne er sich denken, dass er sie begangen habe, alle Laster sehe er als möglich bei sich selber an (nur den Neid ausgenommen). Das sollte im Faust verkörpert werden. Und dann, als zuletzt eintretende Versöhnung, die Darstellung, wie dieser irdische Wulst beim Tode als überwundene Qual vom Menschen abfalle, damit er rein in die Hände seines Schöpfers zurückkehre.

»Für diese Widersprüche und Probleme suchte Goethe eine dichterische Gestalt, in der er sie mittheilen könnte. Eine quälende Sehnsucht, sich selbst zu entfliehen, die sich bis zu Selbstmordgedanken steigerte, empfand er. In Strassburg, zu einer Zeit, wo das mit unerträglicher Gewalt wieder über ihn kam, trat ihm irgendwie die Geschichte Dr. Faust's in der alten Volkscomödie entgegen. Das war die Figur, die er brauchte. Eine plötzliche Erleuchtung durchzuckt seine Phantasie. Alles, was dieses rohe Schauspiel enthält, bot sich ihm als Ausgang dichterischer Visionen, die ihm seine innersten Gedanken zu formen, auszusprechen, von sich loszuschaffen, erlaubten. In märchenhaften Bildern ziehen seine Vergangenheit, seine Gegenwart, seine Zukunft ihm vor der Seele vorüber. Alles nimmt Gestalt an. Die läppischen Scenen des Schauspiels formen sich um zu Theilen eines grossen Dramas voll hohen, symbolischen Inhaltes. Seine quälenden Gedanken werden von Personen übernommen, die plötzlich sich vor seinen Blicken erheben, wie uralte Bekannte, die bis dahin gleichsam in einem verwünschten Berge hausend durch eine Erderschütterung plötzlich Ausgang gewinnen und, dicht vor ihm stehend, nun ihm mehr noch als seine nächsten Verwandten sind. Alles, was er in sich verdammte und nicht besiegen konnte, wälzt er in ihre Seelen hinüber; zugleich aber all das Gefühl seines unverwüstlichen Selbstvertrauens und den verkörperten Triumph dieses Glaubens zeigt ihm seine Phantasie nun in der endlichen Lösung des Dramas, das als das Evangelium der Erlösung des Menschen durch Thätigkeit gelten darf. Wie wäre es möglich, diesen Inhalt des zweiten Theils abgesondert zu denken? Die letzte Phase des zweiten Theiles musste mit dem ersten Theile zugleich entstehen; die Verhöhnung Mephisto's, die Rettung Faust's aus seinen Krallen, denen plötzlich alle Macht zu halten genommen wird. Durch colossale reale Schöpfungen wird diese Rettung vorbereitet. Faust ringt dem Meere ein neues Stück Welttheil ab. Die höchste Verherrlichung menschlicher schaffender Thätigkeit, die denkbar ist, sehen wir in Faust's Lebensausgang vor uns.

»Nichts begreiflicher, als dass Goethe diese Dichtung niemals abschliessen wollte. Die Natur seines Werkes und dessen vornehmster Gehalt war, dass sie unendlich sein mussten. Wir dürfen heute sagen, es sei nothwendig gewesen, dass Goethe den Druck des Abschlusses bis über seinen Tod hinaus verzögerte. Erst nach seinem Lebensende konnte Faust selber als fertige Gestalt geboten werden.«

Im »Faust« ist das tiefste innere Leben eines modernen Dichters mit einer dunkeln gespenstigen Sage aus alten Tagen seines Volkes ineinander geflossen und aus Versuchung und Schmerz ringt sich edelste Menschlichkeit los. Die Dramen des brittischen Dichters sind aus anderem Holze geschnitzt. Schuld, Titanentrotz und elementare Gewissenssprache eines zum Leben verdammten und deshalb sich auch rücksichtslos auslebenden modernen Menschen verdichten sich zu Gemälden düsterer Gluth voll gespenstiger Stimmung, die um so unheimlicher wirkt, je mehr wir erkennen, dass diese Stimmung keine angedichtete, sondern aus den Tiefen des von Reue und Todessehnsucht gequälten Herzens stammende ist.

»Faust« und »Manfred« haben Berührungspunkte, im Grunde jedoch sind sie verschieden. Byron wusste dies besser als Goethe. Er sagt: »Seinen Faust habe ich nie gelesen, weil ich das Deutsche nicht verstehe; aber Mathias

Lewis hat mir 1816 zu Coligny das Meiste davon vorübersetzt und natürlich wurde ich sehr davon ergriffen; aber der Steinbach war es und die Jungfrau und noch etwa Anderes, das noch viel mehr sagen will, als Faust, was mich den Manfred schreiben liess. Indessen hat die erste Scene des letzteren mit der im Faust grosse Aehnlichkeit.« In einem anderen Brief an Murray verwahrt er sich zugleich gegen die Behauptung, dass der Stoff zu »Manfred« aus Marlowe's »Faust« entlehnt sei. »Beide Fauste, den deutschen und den englischen, mag der Teufel holen — ich habe keinen von beiden benutzt.« —

Der Einfluss des »Faust« auf »Manfred« war hauptsächlich ein formeller. George Sand äussert sich hierüber folgendermaassen:

»Nur einem einzigen Zeitgenossen Goethe's war es vielleicht gegeben, den Werth und die Schönheit dieser Form ganz zu fassen und das war der grösste Dichter jener Epoche, Lord Byron. Auch zögerte er nicht, sich derselben zu bemächtigen; denn sobald eine Form an's Licht getreten, so wird sie allgemeines Eigenthum, das jeder Dichter seinen Gedanken anpassen kann. Byron bemächtigte sich also der Form des Faust, wahrscheinlich seiner selber unbewusst aus Instinkt, aus dunkler Erinnerung. Was die Neuheit und Originalität dieser Form ausmacht, ist die Verschmelzung der metaphysischen und der wirklichen Welt. Diese beiden Welten streben um Faust und um Manfred wie um eine Achse herum. Es sind 2 verschiedene flüssige Massen und doch eng vereint und geschickt verbunden, in welchen sich bald der Gedanke, bald die Leidenschaft des Faust-Typus oder des Manfred-Typus bewegen.«

Das Hereinspielen der Geisterwelt in »Manfred« darf jedoch nicht allein auf »Faust« zurückgeführt werden. Byron hatte das Bestreben und den Wunsch in sich, mit der nicht sichtbaren Welt sich innerlich auseinander zu setzen. Er wollte ein Wort mit ihr sprechen. Dazu kamen noch die deutschen Geistergeschichten, die an regnerischen Tagen am Genfersee vorgelesen wurden.[1]

Unstreitig hat auch die Feendichtung »Queen Mal« von Byron's Freund Shelley und Shakespeare's »Sturm« auf die Erscheinung der Naturgeister eingewirkt. Faustisch ist jedoch, was ja auch Byron selbst zugab, gleich der mitternächtliche Monolog Manfred's, dann der äusserliche Vorgang der Geisterbeschwörung und der Selbstmordversuch.

Hiermit sind die Aehnlichkeiten zwischen »Faust« und »Manfred« erschöpft. Uebrigens hat bereits Goethe offen anerkannt, dass auch die eigentlich faustischen Züge im »Manfred« nicht einfach copirt, sondern durchaus originell durchdrungen und verarbeitet sind. Besonders in späteren Jahren fühlte Goethe immer deutlicher den Grundunterschied zwischen seiner und des Britten Dichtung, und bei einem Besuche Robinson's[2] im Jahre 1829 erkannte er als treibendes Motiv des »Manfred« die Liebe zu Astarte an. Dabei kam er auch zu sprechen: »on the indomitable spirit of Manfred. Even at the last, he was not conquered. Power in all its forms.« Dieser prometheische Trotz weist auf antike Vorbilder zurück, hauptsächlich auf Aeschylus und auch formell sind diese griechischen Einflüsse in der gewaltigen Schicksalssprache der Elementargeister und des an die

---

[1] Als sie sich einmal um diese Zeit eine ganze Woche hindurch, während welcher es unaufhörlich regnete, mit dem Vorlesen von deutschen Geistergeschichten unterhalten hatten, kamen sie am Ende überein, etwas Aehnliches zu schreiben. »Sie und ich« sagte Lord Byron zu Shelley, »wollen unsere Sachen gemeinsam herausgeben.« Nun fing er seine Erzählung vom Vampyr an, und nachdem er das Ganze im Kopfe arrangirt hatte, wiederholte er ihnen Abends eine Skizze der Geschichte, allein da die Erzählung in Prosa war, so kam er nicht weit mit der Ausfüllung der Konturen. Das merkwürdigste Ergebniss ihres Erzählungsvereins war indessen der Mad. Shelley phantastisch-kräftiger Roman »Frankenstein«, eines von den originellen Produkten, die gleich zuerst das Publikum ergreifen und doch auf immer festhalten. (Ortlepp II, 316.)

[2] Robinson war ein englischer Jurist, der die seltsame Grille hatte, alle berühmten Leute und Genies aufzusuchen. In Goethe's Hause stand er in hohem Ansehen und Goethe nennt ihn eine Art von Missionär für englische Poesie.

Eumeniden erinnernden Bannfluches wieder zu erkennen. Byron äusserte sich selbst hierüber:

»Für den »Prometheus« des Aeschylus schwärmte ich einst als Knabe, er war eines von den griechischen Stücken, die wir dreimal jährlich in Harrow lasen. »Prometheus« und »Medea«, auch noch »die Sieben vor Theben« waren die einzigen, die mir gefielen.

»Der »Prometheus« hat zwar keinen Einfluss auf den Plan des Manfred gehabt, sitzt mir aber so fest im Gedächtniss, dass ich leicht begreifen kann, wie er auf alles, was ich überhaupt geschrieben habe, seinen Einfluss üben könnte.«

Der eigentliche »Manfred-Charakter« nun, das heisst der Typus des wilden, entsetzlichen Frevlers, der sich dabei aber doch stets nobel und interessant präsentirt, hat in der englischen Geschichte eine ausgedehnte Vorgeschichte, wie Professor Alois Brandl ausführlich nachweist. Zuerst finden wir ihn klar ausgeprägt in der greulichen Spukgeschichte »The Castle of Otranto« (1764), welche überhaupt an der Spitze der romantischen Schreckensromane steht. Der Verfasser war Horace Walpole, ein blasirtes Blaublut, auf dem Kontinent die Caricatur eines reisenden Lords, daheim ein Nachahmer feudaler Abstrusitäten, heute excentrisch im Menschenhass, und morgen, wenn es ihm einfiel, ebenso exaltirt in der Philantropie, ein vielseitiges Genie und doch immer als Dilettant sich geberdend, kurz, auch als Persönlichkeit ein Vorläufer Byrons. — In seinem Roman trägt der stolze, imposante Verbrecher — ein mittelalterlicher Schlosstyrann — auch bereits den Namen Manfred. Seitdem bildete er eine stehende Figur in Romanen und Dramen und gerade die radikalsten Vorkämpfer der Romantik, wie Mrs. Radcliffe, Lewis, Godwin, selbst Walter Scott in »Marmion« verwendeten ihn mit Vorliebe. Allein dass ihm Verbrechen wider die Natur zugeschrieben werden, wie bei Byron, findet sich nur einmal: in der Tragödie »Te Mysterions mother« von dem erwähnten Walpole (1768).

Die Fabel dieser Tragödie, welche unter anderem auch in Luthers Tischreden vorkommt, übertrifft an Schrecklichkeit den Oedipus.

Es ist das Ungeheuerlichste, was je Zufall oder Dichterphantastik puncto Incest ersonnen hat.

Für das Dichtertalent dieses Walpole besass Byron die höchste Achtung und mehrfach nannte er ihn »ultimus Romanorum«. — Seine Tragödie bezeichnete er als die einzig wahre Tragödie, die seit Shakspeare auf englischem Boden geschrieben worden sei, und wir können uns der Ueberzeugung wohl nicht verschliessen, dass Byron in seinem »Manfred«, was den Charakter des Helden betrifft, auf Walpole zurückgegangen ist. — Wenn jedoch Professor Brandl behauptet, das Grundmotiv im »Manfred«, die Mord- und Liebesgeschichte sei nicht ein erlebtes, sondern ein angelerntes, so ist dies nicht richtig. Allerdings, ein gewöhnlicher Mord und eine blutschänderische That im juridischen Sinne lag nicht vor. Das Selbstgericht jedoch, dass Byron mit puritanischer Strenge über sich abhielt, förderte für ihn eine Schuld zu Tage, die in seinen Augen als unsühnbares Verbrechen erscheinen musste. Diese »Schuld« lässt sich auch nicht leugnen und gerade sie befähigte ihn, die grosse Erbschuld der Menschheit, die Sünde und ihre Sühne, die Reue und ihre Selbstbusse als eifernder und hadernder Prophet zu singen, wie denn überhaupt seine ganze Dichtung ein biblisches, fast rhetorisches Pathos zur Schau trägt.

»Manfred« bedeutet für Byron die innerliche Auseinandersetzung mit selbstgeschaffener Seelenqual und tiefe Sehnsucht, in dichterischer Darstellung die Wucht des lastenden Gewissens von sich abzuladen.

Manfred war auch in gewisser Beziehung sein Schmerzenskind.

Erst von Rom aus schickt er den auf Anrathen Shelley's neu gedichteten 3. Akt an Murray.¹)

Später in Venedig, macht er sich über das Stück, in das er sein ganzes Weh hineingelegt hatte; allerdings ein wenig lustig, nennt es ein »Machwerk« und schreibt: »Ich habe ein tolles Stück von einem Drama gedichtet, in der Absicht, ein Gemälde der Alpengegenden in beschreibende Poesie zu bringen, und dies habe ich nun vor Kurzem an Murray geschickt. Fast alle Personen des Stückes sind Geister, Gespenster oder Zauberer, und die Scene ist auf den Alpen und in der anderen Welt; also können Sie sich leicht vorstellen, was das für eine Narrenhaustragödie geben muss.«²)

Aus diesem Briefe geht auch hervor, dass der Anblick der majestätischen Alpenwelt einen bedeutenden Einfluss auf Conception und Gestaltung des »Manfred« gehabt hat. — In der lakonischen Prosa seines »Tagebuchs«, »wo jede Zeile vor nerviger Anschauungskraft erzittert«, hatte er bereits all die Eindrücke des Berner Oberlands skizzirt, die in poetisch gesteigerter Form die Bilderfülle des »Manfred« erzeugten. Fast wörtlich sind einzelne Wendungen und Vergleiche dieses Tagebuchs in die Dichtung übergegangen.³)

---

1) An Herrn Murray.   Rom, den 5. Mai 1817.
Mit umgehender (oder wenigstens nächster) Post schicke ich Ihnen in 2 anderen Packeten den neuen 3. Akt des Manfred. Ich habe den grössten Theil ganz von Neuem geschrieben und das unveränderte Gebliebene in dem Probebogen, den Sie mir zuschickten, zurückgehen lassen. Der Abt ist ein guter, ehrlicher Mann geworden und die Geister erscheinen bei der Todesscene wieder auf der Bühne. Sie werden, denke ich, hie und da in diesem neuen Akte gute Poesie finden.
2) Ortlepp, Byron II, 337.
3) Tagebuch: »Der Strom gleicht, wie er über den Felsen schiesst, dem Schweif eines weissen Pferdes, der im Winde fliesst; so müsste man sich ihn an dem bleichen Ross denken, auf dem der Tod in der Apokalypse geritten kommt.«
Vgl. Manfred: »Des Sonnenbogens Strahlen umwölben noch den Strom mit Himmelsfarben und spielen längs des Schaumlichts Streifen her und hin, wie jenes fahlen Rosses Schweif, des Riesenpferds, worauf der Tod sass, wie es in der Offenbarung heisst.«
Tagebuch: »Die Wolken von dem Thal gegenüber aufsteigend und sich kräuselnd aus senkrechten Abgründen, wie der Schaum des

Hier in der grandiosen Einsamkeit der Alpenwelt gewinnt Byron Zauberkraft und mit der Allgewalt seiner Phantasie ruft er aus dem leuchtenden Sprühregen des Staubbachs und aus den Gletschern der Jungfrau die Geister zu sich hervor. Inmitten dieser Geister steht der Dichter selbst unbewegt und ungebeugt und ruft alle Schrecknisse auf sich herab, wie der trotzende Prometheus des Aeschylus.[1]) So verwandelt sich die Alpenlandschaft naturgemäss zum Rahmen für die mit ihrer strengen Wildheit verwandte Hauptperson. Jenseits der Schneelinien erst, wo menschliche Schwäche und Weichheit nicht mehr gedeihen, atmet Manfred's Seele erleichtert auf.[2])

Diese düstere, weltscheue Stimmung war in Byron's Wesen tief begründet und lässt sich in ihren Wurzeln weit zurück verfolgen. Schon in früher Jugend, zur Zeit, als ihm der Tod seine Mutter, seinen Schulfreund Wingfield und seinen geliebten Universitätsgenossen Charles Skinner Matthews geraubt hatte, dachte Byron zu sterben und machte sein Testament, worin er J. C. Hobhouse, E. B. Davies und

---

Höllenoceans bei einer Springflut! Er war weiss und schweflig und dem Auge unermesslich tief.‹

Vgl. Manfred:
›Am Gletscher qualmen Nebel und Wolken
Zieh'n kräuselnd fast zu mir sich, weiss und schweflig,
Wie Schaum empörten Meers der tiefen Hölle.‹

Tagebuch: ›Auf dem Uebergangspunkte angekommen, sahen wir jenseits auf einen brodelnden Wolkensee, der gegen die Klippen schlug; hinaufgestiegen zu den höheren Gletschern, oben geruht — Zwielicht — aber alles deutlich — wunderschön — Gletscher, wie ein gefrorener Orkan.‹

Vgl. Manfred:
›Der Mond erhebt sich breit und rund und hell;
Und hier auf Schnee, den nie ein Fuss betrat
Gemeiner Menschen, nächtlich treten wir
Und lassen keine Spur; auf wilder See,
Dem Spiegelocean des Alpeneises,
Streifen auf rauher Brandung wir,
Die starrend das Aussehn hat
Von sturmgewälztem Schaum,
Im Nu erfroren — toten Strudels Bild.‹

1) Vgl. Bleibtreu, Gesch. d. engl. Litteratur.
2) Vgl. Brandes, Naturalismus in England S. 316 ff.

Francis Hodgson zu Erben seines Hausgeräthes, seiner Bücher, Gemälde, Waffen und Uhren einsetzte. Tiefe Melancholie spricht aus dem bisher ungedruckten Gedichte, »Newstead Abley« vom 26. August 1811:

»In der schweigenden Halle sitz ich allein;
Durch die Fenster leuchtet der Mondenschein
Hehr, wie der Ruhm von Ahnen strahlt:
Ein Glanz ohne Wärme, wohl blendend, doch kalt.
Solch Licht ists, das ziemet dem sinkenden Stamme,
Bleich dringt es über den öden Damm
Und lässt die zerfallenen Mauern in Schatten
Und spiegelt sich in dem Thau der Matten.
Mein einsamer Schritt hallt über den Flur,
Von Stimmen der Freude blieb keine Spur;
Verödet der Herd und leer bleibt der Becher,
Verstummt ist der Jubel freudiger Zecher.
Verfehltes Beginnen war's, als ich mich mühte,
Noch aufzufrischen hinsterbende Blüte,
Zurückzurufen den Glanz in der Hall
Und abzuwenden den trüben Verfall.
Der Ahnen Reichthum ererbte ich nicht,
Nur ihren Namen, zu schwer an Gewicht.
Nichts bleibt mir vom Schimmer der früheren Tage,
Nichts bleibt als Verlust und die schmerzliche Klage.
Versunken die Mauern, verfallen der Thurm;
Die Trümmer noch trotzen der Zeit und dem Sturm
Wie Felsen, so stehn sie als Zeugen, zu melden
Den Fall der einst gefeierten Helden.«

Doch solche Stimmungen, wie sie sich in diesem Gedichte und einer kurz nach den Schweizer Wanderungen niedergeschriebenen Tagebuchnotiz[1]) aussprechen, genügen

---

1) »Ich liebe die Natur und bin ein Bewunderer von allem, was schön heisst. Ich kann Beschwerden ertragen und Entbehrungen willkommen heissen und habe einige der herrlichsten Aussichten in der Welt kennen gelernt. Aber bei Allem dem haben kränkende Erinnerungen, besonders meiner letzten, meine innigsten Verhältnisse ver-

noch nicht, den Charakter des Byron'schen Manfred in das richtige Licht zu stellen. — Solange noch nicht die Frage beantwortet ist: »Ist das Astarte-Motiv ein angedichtetes oder ein selbsterlebtes?« — so lange kann man noch mit Professor Brandl behaupten: »Byron hat den Kern des Manfred aus der »Mysterious Mother« geschöpft und unter dem something else, das ihn ausser der Alpenwelt den Manfred dichten liess, ist nichts anderes zu verstehen, als die gegen ihn erhobene Beschuldigung, er habe ein unaussprechliches Liebesverbrechen begangen — eine Beschuldigung, die der reizbaren selbstquälerischen Phantasie Byrons die Situation eines solchen widernatürlichen Frevels nahe legte. Nein! Das »something else« ist anders aufzufassen. Das Astarte-Motiv entsprang in der That der selbsterlebten Wirklichkeit, keiner blossen Mystifikationssucht, wenn auch nicht in Abrede gestellt werden soll, dass Byron die nackte Wirklichkeit mit verschiedenen dunklen Andeutungen und phantastischen Verzierungen poetisch ausschmückte.[1])

Doch jetzt zur Hauptbeichte Byron's!

Manfred, welcher von Gewissensqualen erdrückt wird, hat seine Schwester gemordet

---

letzenden Widerwärtigkeiten, die mich nun durch das ganze Leben begleiten müssen, hier an meinem Herzen genagt; und weder die Musik des Schäfers, noch das Krachen der Lawinen, weder Waldstrom, noch Gletscher oder Frost oder Wolken haben auch nur einen Augenblick die Last, die auf meiner Seele lagert, lüften oder mich in den Stand setzen können, mein eigenes armseliges Ich in der Majestät, Macht und Herrlichkeit um mich her und über und unter mir untergehen zu lassen.

1) Hieher gehört die Anwendung der Geschichte des Königs Pausanias auf sich selbst.

So nahm auch in Mailand auf der Ambrosianischen Bibliothek der Briefwechsel der Lucrezia Borgia mit dem Kardinal Bembo seine besondere Theilnahme in Anspruch. Er hätte sich gerne eine Abschrift gemacht, was aber nicht gestattet wurde. Er prägte daher die interessantesten Stellen seinem Gedächtnisse ein und nahm von der blonden Locke der Lucrezia ein einzelnes Haar als Reliquie mit, weil ihn die Entdeckung kitzelte, dass ein Kardinal ein Liebesverhältniss hatte mit der gottlosen Lucrezia, welche die Tochter eines Papstes war und mit ihrem Bruder in Blutschande gelebt hatte.

»Nicht mit meiner Hand
Doch mit dem Herzen, das das ihre brach —
Es sah auf mich und welkte.«
Wenn er hinzufügt:
»Auch Blut vergoss ich, nicht das ihre — doch
Vergossen ward's und stillen konnt ich's nicht«,
so erinnert das freilich merkwürdig an die Beichte des Giaur, dass er seinen Todfeind im Zweikampfe erschlagen habe, nachdem derselbe ihm seine Geliebte getödtet — aber wir sind geneigt, dies nur für ein obligates Zusatzmittel eines Schauderromans zu halten. Manfred erzählt ferner:
»Sie glich von Antlitz mir, von Haar, von Auge,
In allem, selbst bis zu der Stimme Ton
War sie mir ähnlich, wie man sagte u. s. w.
Mein waren ihre Fehler, ihre Tugend
Ihr eigen — sie hab' ich geliebt, getödtet.«
Nun denn, statt jene absurde Verleumdung zu rechtfertigen — obwohl ja natürlich Byron's Zärtlichkeit für seine Schwester, die ihm einzig treu blieb und nahe stand, wie Manfred von seiner Schwester erzählt, sich in der dichterischen Phantasie damit verflochten haben mag — **bezieht sich die Gestalt Astarte vielmehr auf ein wohlbekanntes Ereigniss in Byrons Leben,** das auch den Grund zu dem Pagen Lavas, dessen Geschlecht man erst im Tode enthüllt, legte. Von 1806 bis zu seiner Abreise nach dem Continent 1809 wurde Byron fortwährend begleitet von einer Geliebten in Männertracht, die er für seinen jüngeren Bruder ausgab, obwohl Jeder das öffentliche Geheimniss kannte. Wer aber dies Mädchen gewesen, darüber schweigen alle Quellen. Man hielt sie wohl für eine Lady of easy access (»leichtes Dämchen«), aber Beweise dafür liegen nirgends vor. Wer und was sie war, blieb in Geheimniss gehüllt. **Nur ihre ganz wunderbare Aehnlichkeit mit dem Dichter war allen bekannt.**
Jene Geliebte in Männerkleidern kann niemand anders

gewesen sein, als die von Byron besungene Thyrza, die Thomas Moore, sei es in gutem Glauben, sei es aus ganz besonderen Gründen, als Mitwisser des obwaltenden Geheimnisses für eine imaginäre Gestalt erklärte. Wie soll man damit zusammenreimen, dass später in Italien, als man in einem fröhlichen Konvivium auf Verabredung plötzlich frug, wer Thyrza gewesen sei, den Dichter eine tödtliche Blässe überkam und er mit schwankenden Schritten das Zimmer verliess, um den Tag über nicht mehr zu erscheinen, so dass alle ihre Unbedachtsamkeit bereuten?

Weiter steht nach den Untersuchungen Bleibtreu's[1]), denen man sich absolut nicht in allen Folgerungen anzuschliessen braucht, durchaus fest, dass diese »Geliebte« eine Verwandte des Dichters war (nicht, wie Jeaffreson beweisen will, seine Cousine Margarethe Parker) und während der ersten Childe-Harold-Fahrt starb, ohne dass Byron ihr Grab erfuhr — oder erfahren wollte.

Mag man nun annehmen, dass sie von Byron verlassen und dadurch »moralisch« getödtet wurde[2]), oder dass sie

---

[1] Der Sinn der Bleibtreu'schen Untersuchung, den der Verfasser aus Gründen privater Natur nur zwischen den Zeilen herauslesen lässt, ist kurz der: Lord Byron habe in einer Doppelehe gelebt. Jene Geliebte in Männerkleidern (eine Kousine des Dichters) sei heimlich noch vor seiner Ehe mit Lady Byron mit dem Lord vermählt gewesen. Dieser Ehe sind zwei Kinder entsprossen, eine Tochter, welche unter dem Namen Medora Leigh aufgewachsen ist und ein Sohn, der Sohn, an welchen Byron das schöne Gedicht »Tomyson« gerichtet hat. Byron habe dann seit seiner Verheirathung mit Frl. Milbanke in einer thatsächlichen Doppelehe gelebt. Da aber nach englischem Gesetz in einem solchen Falle Lady Byron nichts anderes als ihres Gemahles Maitresse und ihre legitime Tochter Ada illegitim gewesen wäre, so habe sie alle Ursache gehabt, den wahren Grund ihrer Scheidung nie zu verrathen, ausser an die Anwälte. Dass ihr Benehmen dadurch hinlänglich erklärt ist, wird bei näherer Verfolgung der Ansicht zweifellos. Byron's Benehmen ist nicht minder erklärt. Der Umstand, dass diese erste Gattin zugleich eine Kousine gewesen ist, die dem Dichter persönlich ähnlich war, erklärte denn auch unter englischer Gesetzgebung manches Andere im Verhalten des Dichters und besonders auch, wie es kommen mochte, dass Byron beschuldigt wurde, er habe mit seiner Schwester in einem widernatürlichen Verhältniss gestanden. (Kirchbach, Byron, S. 25.)

[2] »Ich liebte, ich — erschlug sie; mit dem Herzen, welches ihr Herz brach. Es sah auf meines — und welkte.«

bei der Enthüllung ihrer nahen Blutsverwandtschaft mit Byron plötzlich verschied[1] — auf jeden Fall ist so viel sicher, dass Byron an dieser »Geliebten« sich schwer versündigt hatte.[2]

Diese eine Sünde mag sein Leben vergiftet haben. Aber diese Sünde kann nur eine wirkliche und keine gemachte sein und es erscheint höchst wichtig, zu erfahren, dass die äussersten und tiefsten Empfindungen des Schmerzes, der Reue und Verzweiflung, wie sie im »Manfred« sich offenbaren, von dem grössten dichterischen Schilderer des Weh's nur durch wesenhafte, selbsterlebte Realität erzeugt wurden.[3]

Die Schuld, die auf seinem Gewissen lastete, war in seinen Augen zu einem unsühnlichen Verbrechen angewachsen und der »Manfred« erscheint uns jetzt, nachdem seine eigentliche Entstehungsgeschichte aufgedeckt ist, in anderem Lichte: Kein blasirter Weltschmerz, nicht der unmotivirte Titanentrotz eines modernen Prometheus schleudert hier Anklagen gegen sich und das nutzlose Dasein in die Wildniss der Alpen — sondern eine gewaltige Sprache des Gewissens entlädt sich und ein edler Geist zerstört sich selbst nach vergeblichem Kampf des guten Willens gegen maasslose Leidenschaften. Dieser Kampf des edlen Willens gegen ererbte, nicht zu zähmende Leidenschaften bildet in einem anderen Drama Byron's, dem vielgeschmähten »Werner« den tragischen Angelpunkt des Stückes. Ulrich, der eigent-

---

1) »Blut vergoss ich — doch ihres nicht — und doch ward es vergossen. Ich sah und konnte es nicht stillen.«
2) Etwas Licht auf dies Verhältniss wirft auch eine Tagebuchnotiz, die zugleich die dunklen Worte: »Blut vergoss ich — doch ihres nicht« im Sinne eines stattgehabten Zweikampfs ein wenig erhellt. Er sagt dort: »Kein Brief von . . . nicht ein Wort von . . . Haben sie . . . verlassen oder ist meine kostbare Epistel in des Löwen Klauen gefallen? Wenn so — dies Schweigen sieht verdächtig aus — so muss mein Eisen hervorsuchen. Ich bin ausser Uebung — doch will bei Manton's nicht wieder beginnen. Ausserdem, ich würde seinen Schuss nicht erwidern. Seit ich fühle, ich habe eine üble Sache zu verfechten, hab' ich die Uebung vernachlässigt.«
3) Vgl. Bleibtreu, Engl. Litteraturg. S. 210.

liche »Held« des »Werner« und gleichsam ein Symbol der neuaufstrebenden, aus den Banden der feudalen Verhältnisse befreiten Jugend, muss dort zu Grunde gehen, weil die Erbschaft des Blutes sich stärker erweist, als alles edle Wollen. Derselbe tragische Zwiespalt zieht sich durch Byron's Leben überhaupt.

»Vielleicht gewinnt man einen richtigeren Standpunkt zur Beurtheilung des menschlichen und dichterischen Charakters zugleich, wenn man das, was man die Byron'sche Zerrissenheit genannt hat, vielmehr als eine starkgeistige, furchtlose Kühnheit, sich mit dem Leben auseinander zu setzen, auffassen wollte, wie dies Byron so redlich wie irgend ein anderer grosser Dichter gethan; vielleicht würdigt man den melancholischen Theil seines Wesens richtiger, wenn man die Melancholie, die aus einem Ueberschusse von Kraft entspringt, darin sieht. Das ist denn das gerade Gegentheil der kraftlosen Blasirtheit, welche in anderen zu jenem anrüchigen »Weltschmerz« geführt hat.«[1]

Was besonders »Manfred« seine Bedeutung gibt und ihn zum »frère-jumeau du plus grand poëme du siècle, le Faust de Goethe« erhebt, ist vor allen Dingen dieser mächtig zum Ausdruck kommende Einzelwille einer unbeugsamen Persönlichkeit, das tiefbohrende Gefühl menschlicher Schuld und die aus diesem Gefühl hervorströmende Sprache des Gewissens, die noch an Bedeutung gewinnt, wenn man das Astarte-Motiv als selbsterlebt anerkennt. Welcher Unterschied zwischen diesem »Manfred«, der, jeden Pakt mit den Dämonen abweisend, eines Weibes wegen »zur feigen Sterblichkeit« zurücksinkt [2] und jenem »Faust«, der auf blumigem

---

[1] Wolfg. Kirchbach, Byron S. 9 ff.
[2] »Und für diese, ein Wesen jener Art, die Du verachtest,
Und die Dein Wesen überragen könnte,
Mit uns Dich uns mischend und den unsern —
Gibst Du hohe Geisteskräfte auf und sinkst
Zurück zur feigen Sterblichkeit?«
Die Fee im »Manfred.«

Rasen, unter Gesang und Aeolsharfenklang »des Vorwurfs glühend bitt're Pfeile« entfernt! Taine hat nicht Unrecht, wenn er in seinem Kapitel über »Faust« und »Manfred« sagt:

»Bref, la caractère manque; c'est un caractère d'Allemand, A côté de lui, quel homme que Manfred!

»C'est une homme; il n'y a pas de mot plus beau, ni qui le peigne mieux. Ce n'est pas lui qui, à l'aspect d'un esprit, tremblera comme un ver craintif qui se tortille à terre.«

«Ce n'est pas lui qui regrettera de n'avoir ni or, ni biens, ni honneurs, ni souveraineté dans le monde.«

»Ce n'est pas lui qui se laissera duper comme un écolier par le diable, ou qui ira s'amuser en badaud aux fantasmagories du Brocken. Il a vécu en chef féodol, non en savant gradué, il a combattu, il a maîtrisé les autres; il sait se maîtriser lui-même.«

»S'il s'est enfoncé dans les arts magiques, ce n'est point par curiosité d'alchimiste, c'est par audace de révolté.«

»Ce que la civilisation tout entière a developpé uniquement chez l'Anglais, c'est la volonté energique et les facultés pratiques. L'homme c'est trouvé voiti dans l'effort, concentré dans la résistance, attaché à l'action et partant exclu de la spéculation pure, de la sympathie ondoyante et de l'art désintéressée.

»Si Goethe a été le poète de l'univers, Byron a été le poète de la personne et si le génie allemand dans l'un a trouvé son interprète, la génie anglais dans l'autre a trouvé le sien.«

Der Gegensatz zu »Faust«, der sich dem Mephistopheles verkauft und vor dem Erdgeiste auf's Knie sinkt, ist in der That frappant. — Dem englischen Dichter stand das Ideal selbständiger Mannheit vor Augen, zu welchem der Deutsche sich nicht erhoben hat und Byron's Held ist ebenso typisch als Mann, wie Goethes Held der Typus des ewig strebenden

Menschen ist. — Im Tode, wie im Leben allein, ist er ohne Verkehr mit der Hölle, über sich nur Gott allein als Richter anerkennend[1]), die ganze männliche Moral Byron's liegt hierin.[2])

Was jedoch diesen »Manfred« als unter Faust stehend erscheinen lässt, ist hauptsächlich das Unvermögen, sich in die Allgemeinheit zu versenken und im Mitgefühle fremder Schmerzen das eigene Leid zu vergessen. Manfred spricht immer nur von seinen eigenen Qualen — die Menschheit selbst ist ihm fremd. Anders ist dies im »Kain«. — Auch in diesem Drama sind Faustische Anklänge aufzufinden und die Einwirkung des Deutschen scheint auch eine Vertiefung des dichterischen Gefühls bei Byron hervorgebracht zu haben. Die Einzelempfindung ist hier zu allgemeinem Mitgefühl gesteigert und mit der Trauer über das verlorene Glück des Paradieses mischt sich der faustische Schmerz über die Nichtigkeit des menschlichen Erkennens:
»O weh! der hoffnungslosen Kreaturen!
So mussten sie auch theilen meines Vaters
Geschick, wie seine Söhne; und wie diese
Auch, ohne dass sie von dem Apfel assen,
Wie sie auch ohne die so teur erkaufte
Erkenntniss. 's war ein Lügenbaum; wir wissen
Ja nichts! Zwar um den Preis des Tod's versprach er
Erkenntniss; — aber doch Erkenntniss; und
Was weiss der Mensch seitdem.«
Was jedoch den »Kain« durchaus von »Faust« unterscheidet, ist das poetische und philosophische Uebergewicht, welches Byron dem bösen Prinzip, das in dem Satan personifizirt ist, über den göttlichen Geist und dessen Bekenner

---

[1]) »Was ich auch gewesen, oder bin, ruht zwischen mir und Gott.« Manfred, III. Akt, 1. Scene.
[2]) Vgl. Brandes, Der Naturalismus in England, S. 316 ff.

gegeben hat. Während die liebe Frömmigkeit und Gottseligkeit in matter Langweiligkeit auf und ab schleicht, schwebt Lucifer in siegreicher Glorie mit seinem ersten Jünger, einem Faust der Urwelt durch die ewigen Räume und macht sich in kecker Dialektik als eine zweite Gottheit geltend, die ebenso ewig, selbständig und nothwendig sei, wie die des jetzigen Usurpators der Herrschaft des Himmels und der Erde. (Vgl. Wilh. Müller, Byron S. 418 ff.)

Dieser Lucifer weist in mancher Beziehung auf Goethe's Mephisto zurück und auf die Angriffe, die Byron wegen seines »Kain« in England gemacht wurden, konnte jener mit Recht auf die Gestalt des deutschen Drama's hinweisen mit den Worten: »**Was würden die Methodisten erst zu Goethe's Faust sagen?**«

»Sein Teufel spricht nicht nur sehr ohne Umstände vom Himmel, sondern auch im Himmel. Was würden sie denken von dem Gespräch des Mephistopheles mit seinem Zögling, oder von den kühneren Worten des Prologs, die keiner von uns zu übersetzen wagen wird? Und dennoch ist dieses Gedicht nicht allein geduldet und bewundert, wie alles verdient, was Goethe geschrieben hat, sondern es wird sogar aufgeführt. Sind die **Deutschen** vielleicht ein weniger **moralisches Volk als wir? — ich zweifle sehr.**« (Ortlepp III. S. 411.)

Von diesem Mephisto hat Lucifer das Dämonische und die satanische Dialektik geerbt. Im Grunde genommen ist er aber kein rechter Teufel, dazu ist er zu ernst und Worte, wie:

»Zu einem Gut verhalf Euch doch der Apfel:
Eurer Vernunft — die lasst nicht überwältigen,
Nicht durch tyrannische Drohungen Euch zwingen
Zum Glauben, allen Zeugnissen der Sinne
Zum Trotz und allem inneren Bewusstsein;
Denkt und seid stark, und baut Euch eine Welt
In Eurer Brust — wenn nicht die äussere genügt,

So kommt Ihr nah der geistigen Natur

Und krieget triumphirend mit der Euren.«

zeigen ihn als Lichtbringer, Genius der Wissenschaft und stolzen, trotzigen Geist der Kritik, gestürzt, weil er nicht kriechen und lügen wollte, aber unbeugsam, weil er ewig, wie sein Feind ist.[1]

Kein grösserer Unterschied als der, welcher zwischen diesem »ersten Empörer« und dem Teufel besteht, der sich hütet, mit dem »Alten« zu brechen!

Dazu ist dieser Mephisto, wenn man so sagen darf, zu gebildet und universell. Er kennt alles, nicht nur das Böse, sondern auch das Gute, Grosse und Edle. Er ist Lucifer überlegen dadurch, dass er jedes Faktum als in seiner allumfassenden Weltanschauung längst vorhanden nachweist.

Alles was Goethe an Erfahrungen in der Stille sammelte, seiner eigenen Persönlichkeit, wie seinen Freunden und der ganzen Welt gegenüber, wurde Mephisto, als dem Doppelgänger seines eigenen Geistes, zu nackter Kritik vorgelegt und von ihm beurtheilt. In jede Gesellschaft begleitete ihn Mephisto, bei jedem Buche las er, ihm über die Schultern sehend, mit, und weil die Bekanntschaften und Erfahrungen Goethe's sich immer weiter ausdehnten und damit Goethe's Fähigkeit sich ausbildete, schliesslich in jeder Gesellschaft den richtigen Ton anzuschlagen, so lernte Mephisto das gleichfalls mit und empfing als Realität immer neue Seiten.

Das Vornehme, Weltmännische, gesellschaftlich Ueberlegene kam allmählig in seine Gestalt hinein. Er wurde immer feiner und eleganter, aus dem anfänglichen Zerrbilde eines verrotteten Universitätsmagisters, der ein von ihm verdammtes Metier zum Ueberdrusse kennen gelernt hat, wie wir ihn 1772 wohl zuerst kennen gelernt hätten, wird Mephisto allmählig zur Carrikatur eines geistreichen, hohen Staatsbeamten, der nach einer verfehlten Carrière sich wider-

---

[1] Vgl. Brandes, Seite 323 ff.

willig zur Ruhe gesetzt hat und unbarmherzig sein Schriftwasser auf alles ausgiesst.[1])

In einem Punkte aber begegnen sich beide Teufel: Dem nach Erkenntniss strebenden Erdensohne schliessen sie die Geheimnisse des Daseins auf —; aber nur zum Spotte, um zu beweisen, dass Gross und Klein, Gut und Böse identisch und die ganze ungeheure Summe gleich Null sei.[2])

»Er nennt, als Sieger, den Besiegten bös;
Doch was wird sein das Gute, das er gibt?
Wär ich der Sieger, gälten seine Werke
Allein für schlimm! —«

(Lucifer II. Akt, 2. Scene.)

b) „Faust" und „The transformed deformed".

Es ist eigenthümlich, dass eine vergleichende Betrachtung, die sich auf die Aehnlichkeiten zweier Dichtungen, wie »Manfred« und »Faust« erstrecken soll, ihre Hauptaufgabe darin findet, diese Aehnlichkeiten auf ein sehr geringes Maass zurück zu führen und eine liebgewordene Legende der Litteraturgeschichten zu zerstören. Und ebenso eigenthümlich ist es, dass ein anderes Werk Byron's, das meistens nur so nebenher genannt wird, obschon es eine Scene voll dichterischer Kraft und überwältigender Schönheit enthält, weit mehr den Goethe'schen Einfluss auf Byron verfolgen lässt, als die vielgenannten »Manfred« und »Kain«. Dies Werk ist »The transformed deformed«, leider nur ein Fragment. Warum es Byron nicht vollendete, ist schwer zu sagen. Er hatte es seinem gewöhnlichen Kritiker Shelley zur Beurtheilung übergeben. Dieser las es aufmerksam durch und als Byron ihn darauf fragte, wie es ihm gefallen habe, antwortete er: »Am wenigsten von allem, was ich je

---
1) Vgl. Herrm. Grimm, Goethe, I, 286.
2) Vgl. Herrm. Grimm, Aufsätze über Goethe.

von Ihnen gesehen habe. Es ist eine schlechte Nachahmung des Faust und überdies sind zwei vollständige Verse von Southey darin.«

Seine Herrlichkeit, ohne ein Wort zu verlieren, warf augenblicklich das Gedicht ins Feuer. So erzählt Medwin, welcher daher nicht wenig verwundert war, den umgestalteten Ungestalten nach zwei Jahren, wahrscheinlich durch eine zweite Abschrift, welche dem Brande entgangen war, wieder aufgelebt, aus der Presse hervortreten zu sehen.

Der Stoff ist hauptsächlich dem Roman »The Word Demon« von Lewis entnommen.

Dem ungünstigen Urtheil Shelley's steht das begeisterte Lob Goethe's gegenüber, der erklärte: »Ich habe seinen Deform. Transform. wieder gelesen und muss sagen, dass sein Talent mir immer grösser vorkommt. Sein Teufel ist aus meinem Teufel hervorgegangen, aber es ist keine Nachahmung, es ist alles durchaus originell und neu, und alles knapp, tüchtig und geistreich. Es ist keine Stelle darin, die schwach wäre, nicht so viel Platz, um den Kopf einer Nadel hinzusetzen, wo man nicht auf Erfindung und Geist träfe. Ihm ist nichts im Wege als das Hypochondrische und Negative und er wäre so gross, wie Shakespeare und die Alten.«

Ein anderes Mal äussert er sich zu Eckermann:

»Nicht wahr, die ersten Scenen sind gross und zwar poetisch gross. Das übrige, wo es auseinander und zur Belagerung Roms geht, will ich nicht als poetisch rühmen, allein man muss gestehen, dass es geistreich ist.«

»Im höchsten Grade«, sagte ich, »aber es ist keine Kunst, geistreich zu sein, wenn man vor nichts Respekt hat.«

Goethe lachte: »Sie haben nicht ganz Unrecht« — sagte er — »man muss freilich zugeben, dass der Poet mehr sagt, als man möchte; er sagt die Wahrheit, allein es wird einem nicht wohl dabei und man sähe lieber, dass er den Mund hielte. Es gibt Dinge in der Welt, die der Dichter besser überhüllt, als aufdeckt; doch dies ist eben Byron's Charakter und man würde ihn vernichten, wenn man ihn anders wollte.«

»Ja« — sagte ich — »im höchsten Grade geistreich ist er. Wie trefflich ist z. B. diese Stelle:
The Devil speaks truth much oftener than his deemed,
He hath an ignorant audience.

»Das ist freilich ebenso gross und frei, als mein Mephistopheles irgend etwas gesagt hat.«

(Eckermann, Gespräche mit Goethe II, 185.)

In der That, dieser »Schwarze Mann« »Caesar« und »Fremde« ist direkt aus dem Mephisto hervorgegangen und auch die ganze Anlage der Scene, in der er zum ersten Mal erscheint, ist direkt dem »Faust« nachgebildet.

Arnold entspricht allerdings nicht dem »Faust«. Er gehört zur Gattung der »Manfred« und »Werner« und ist eine echt byronische Figur. Arnold ist geradezu ein Symbol des durch Byron's Leben gehenden tragischen Zwiespaltes, des Zwiespalts zwischen edlem Wollen und ererbter Hässlichkeit des sittlichen Menschen. Denn, den körperlichen Defekt, den Byron seinem Arnold mitgibt und wegen dessen er keine Liebe findet, darf man getrost auch als seelischen bezeichnen. In Byron lebte mächtig der Trieb nach Liebe und heimischer Häuslichkeit und die tiefe Trauer des wegen seiner Hässlichkeit von Mutter und Heimath verstossenen Arnold ist nichts Anderes als ein Ausdruck von Byron's eigenem trauerndem Gefühl über die Trennung vom Vaterlande:

»Ich habe keine Heimath,
Hab' keine Freundschaft, noch Verwandtschaft nicht;
Gemacht bin ich gleich anderen Wesen.«

Arnold beschliesst, wie Faust, in den Tod zu gehen:
»Doch einen Blick noch auf den schönen Tag,
Der kein so scheusslich Wesen sieht, wie mich,
Die holde Sonne, die mich wärmte, doch umsonst.

Die Vögel, wie sie lustig singen!
O mögen sie! ich will beklagt nicht sein;
Ihr froh'stes Lied sei Arnold's Grabgeläute,
Das dürre Laub mein Denkmal, das Gemurmel
Der nahen Quelle meine Trauermusik.
Jetzt Messer, stehe fest und triff mich gut.«

In demselben Augenblick entsteigt der Quelle eine Wolke und ein »grosser schwarzer Mann« kommt auf ihn zu. Dies ist der Teufel und hält ihn am Leben zurück, kein Ostergesang. Dieser Teufel ist direkt mit Mephisto verwandt. Höhnischer Spott, Skeptizismus und die Verneinung alles Seienden, eine souveraine, über den Dingen schwebende Philosophie und weltmännische Laune sind ihm zu eigen. Die satyrisch-ironische Ader des »Don Juan« kommt hier schon zum Vorschein.

Wie »Faust« so schliesst auch Arnold mit dem Teufel einen Pakt, doch nicht um den Preis seiner Seele, denn »in welcher Hülle sie auch war gebannt, sie ist doch hochgesinnt«. Auch mit Blut wird der Vertrag nicht gezeichnet, der Teufel will davon später reden: »ich will bescheiden bei Dir sein, denn Grosses sehe ich an Dir; Dich binde statt der Handschrift D e i n W i l l e ; kein Kontrakt als Deine Thaten!«

Arnold geht hierauf ein und wie »Faust« nimmt er jetzt mit Hilfe des »Fremden« eine andere, schönere Gestalt an, die ihm die Herzen derer, die ihm eigentlich am nächsten stehen, gewinnen soll:

»Geöffnet hast Du meinem Auge glänzendere Aussicht
Und süss're meinem Herzen. Wie ich bin,
Wird Furcht, Bewunderung, Achtung, Liebe mir
Vielleicht von allen, nur von Denen nicht,
Die mir die Nächsten, deren Lieb' ich wünsche.«

In Schönheit prangend, in der Gestalt des Achilles ruft er aus:

»Ich liebe! Liebe wird mir jetzt! o Leben!
Nun endlich fühl' ich Dich! Erhab'ner Geist!«

Bezeichnend ist, dass der »Fremde« die abgelegte, hässliche Gestalt annimmt und Arnold, dem nunmehrigen »Grafen Arnold« in dieser hässlichen Gestalt als »Caesar« überall hin zu folgen verspricht. Es scheint also, dass das Drama darauf hinauslaufen sollte, es Arnold unmöglich zu machen, anders, das heisst schöner und besser zu werden. Derselbe Conflikt also wie im »Werner«, nur erweitert durch den geistigen Horizont des »Fremden«, in dem Gut und Böses zusammenfliessen, und durch das Aufrollen weltgeschichtlicher Begebenheiten, in die Arnold mitten hinein geführt wird, um die verschiedenen Wahnvorstellungen der Menschen, wie Ruhm, Geld- und Liebesgier in ihrer Nichtigkeit kennen zu lernen. Arnold soll allmählig seine »schöne Menschlichkeit«, die der Teufel auch zu solchen Wahnvorstellungen rechnet, im grausigen Wechselspiel[1]) des Lebens verlieren und auf diese Weise für ihn reif werden. Doch die Thaten entscheiden und der Wille ist frei, wie im Pakte ausbedungen war. Dieser Wille wird im ewigen Rom, im St. Petersdom, auf die entscheidende Probe gestellt. In dieser entscheidenden Scene, wo inmitten der Horden des »prächtigen Rebellen« die Gestalt der Olympia in reiner Grösse sich aufrichtet und mit dem Crucifix, als einziger Waffe, die Feinde von sich abhält und niederschlägt, hat Byron vielleicht das Schönste geschaffen, dessen sein Genius fähig war. Wie sein Arnold, so beugt er sich hier vor der alles überwindenden Macht des Mitleids und der sittlichen Grösse dieses Weibes, das ihr Blut, rein »wie's einst floss, als sie, ein Kind, ward theilhaft der Versöhnung« ihrem

---

1) »Jene gehen weg,
Und andre kommen; so fliesst Well' auf Welle
Der Ewigkeit, von der die Narren sprechen,
Die für des Oceanes Wellenbrecher
Sich halten, da sie doch nur Blasen sind,
Unwissend, dass aus Schaum nur sie erzeugt.«

Gotte wieder zurückgibt. »Das Ewig-Weibliche« zieht auch ihn hinan, der edle Wille hat gesiegt.

Wie sich das Fragment weiter entwickelt hätte, lässt sich nur annähernd bestimmen; so, wie es ist, schliesst es mit einem Friedensgesang:

»Doch der Krieg ist aus;
Der Lenz hat begonnen,
Der Jüngling zieht in's Haus,
Der die Braut hat gewonnen.
Uns auch macht glücklich der Glücklichen Lust;
Ihrer Seligkeit Echo soll sein jede Brust!«

Aus dieser Darstellung geht hervor, dass im »Transformed Deformed« Goethe'sche Einflüsse mehr, als in anderen Werken Byron's zu erkennen sind, sowohl inhaltlich als auch formell. Ja die Aehnlichkeiten erstrecken sich sogar dieses Mal auf die Sprache der Dichtung und man braucht nur den Chor der Engel des 1. Theiles »Faust« mit der Beschwörung des »Fremden« I. Akt, 1. Scene zu vergleichen, um diese Aehnlichkeiten genau herausfinden zu können.[1]

Umgekehrt hat auch Byron's Sprache auf Goethe eingewirkt und besonders im II. Theile »Faust«, der sich nicht umsonst um Euphorion-Byron gruppirt, stösst man oft auf die Leichtigkeit und doch herbe Würde des Byron'schen Stils, auf das concise Zusammendrängen der Vorstellungen in wenige Worte — lauter Eigenthümlichkeiten des englischen Dichters, die Goethe für die knappe Gestaltung seiner

---

1) Chor der Engel:
»Christ ist erstanden
Aus der Verwesung Schooss.
Reisset von Banden
Freudig Euch los!
Thätig ihn preisenden,
Liebe beweisenden,
Brüderlich speisenden,
Predigend reisenden,
Wonne verheissenden,
Euch ist der Meister nah,
Euch ist er da!«

Der Fremde:
»Schatten der Mächtigen,
Pflichtige Geister,
Schatten der Prächtigen
Euch ruft der Meister!
Dämonen — heroische,
Die in früheren Jahren
Philosophen, stoische,
Oder Sophisten waren.«

symbolischen und allegorischen, mit wenigen Worten vielsagenden Figuren, wie z. B. den »Pater profundus«, wohl anwenden konnte.[1])

Bewundernswerth ist die Vertiefung des Gefühlsinhalts, die in »Transformed Deformed« zu Tage tritt und vielleicht auch mit durch Goethe's Faust, besonders den Prolog im Himmel, hervorgerufen worden ist. Diese Ueberwindung des »Hypochondrischen und Negativen«, diese Erweiterung des Einzelgefühls zum Mitleid, dies Beugen des eigenen Ich vor fremder Grösse, wie es in der plötzlich erwachenden Liebe Arnold's zu Olympia zum Ausdruck gebracht wird, findet sich in den vorhergehenden Dramen Byron's nicht in dieser Weise und sollte auch so rein nie mehr zum Vorschein kommen. — »Dies Gefühl vom Dasein der Liebe in ihrer ausgedehntesten und erhabensten Kraft, das Gefühl unserer eigenen Antheilnahme an ihrem Segen und ihrer Glorie« war also Byron absolut nicht fremd, es ringt sich nur nicht zum allgemein giltigen Princip seiner Dichtungen durch, wie bei Goethe.

»Der Pantheismus der Liebe«, den Shelley repräsentirte, hatte auch Byron berührt und dies geht sowohl aus »Childe Harold«,[2]) als auch besonders aus diesem so viel geschmähten »Transformed Deformed« hervor.

Mehr jedoch, wie Goethe und Shelley hat jedenfalls die Gräfin Guiccioli dazu beigetragen, die Byron'sche Poesie mit reiner Menschlichkeit zu erfüllen. — Diese Gräfin

---

1) Vgl. Bleibtreu, Engl. Litteraturg., Byron.
2) »Das Gefühl«, sagt er im Anhange zu Ch. H. III, 100, »von welchem alles um Clarens und Meillerie durchdrungen ist, ist weit höher und umfassender als die blosse Sympathie mit der Leidenschaft eines Einzelnen; es ist das Gefühl vom Dasein der Liebe in ihrer ausgedehntesten und erhabensten Kraft, das Gefühl unserer eigenen Antheilnahme an ihrem Segen und ihrer Glorie: es ist das grosse Prinzip des Weltalls, welches sich dort mehr verdichtet, aber nicht weniger offenbart und an welches wir unser Einzeldasein verlieren, obwohl wir uns als ein Theil fühlen und uns mit der Schönheit des Ganzen vermischen.«
Aus diesen Zeilen klingt deutlich Shelley's Pantheismus der Liebe heraus.

Guiccioli hat auf sein Leben und seine Dichtung einen läuternden Einfluss ausgeübt, der mit dem der Frau von Stein auf Goethe wohl zu vergleichen ist.

Wollte Goethe in seiner Iphigenie die sittliche und reinigende Macht weiblicher Würde darstellen, so verband sich bei ihm mit der hoheitsvollen Jungfrau des Alterthums, welche durch ihre edle Menschlichkeit und Wahrheit die Macht der Dämonen bändigt, unauflöslich die Gestalt der geliebten Frau. War sie ihm doch die Heilige, »zu der er betend emporschaute«, »die edle Besänftigerin der wilden Triebe seines Herzens«, »die eherne Schlange, an der er sich aus seinen Sünden und Fehlern emporrichtete«.

»Tropftest Mässigung dem Blute,
Richtetest den wilden, irren Lauf.
Und in Deinen Engelsarmen ruhte
Die zerstörte Brust sich wieder auf.«[1]

Eine ähnliche Macht übte die schöne, junge Italienerin mit dem lang herabwallenden blonden Haare und den grossen tiefen Augen auf Byron aus. Die idyllischen Herbsttage zu La Mira mit ihrer besänftigenden Einsamkeit des Landlebens und das glückliche Zusammenleben in Casa la franchi veredelten die wilden Triebe des Menschen und Dichters Byron und die Liebe der zwar leidenschaftlich aber doch rein fühlenden Frau entriss ihn seinem schwelgerischen Treiben in Venedig und erfüllte auch sein Dasein mit neuem Inhalt, indem sie ihn dazu drängte, sich der Sache der italienischen Patrioten zu widmen. — Ihren Einfluss auf Byron's dichterische Thätigkeit hat Brandes schön geschildert:

»Eines Abends, als Byron in dem Manuscript des Don Juan blättert, von welchem er zwei Gesänge vor seiner Bekanntschaft mit der Gräfin begonnen hatte, trat diese hinter seinen Stuhl, deutete auf die Stelle, bis zu welcher er ge-

---

[1] Vgl. Heinemann, Frau von Stein.

langt war und frug ihn, was dort stünde. Es war die 137. Stropho des 1. Gesanges und Byron antwortete auf Italienisch: »Ihr Mann kommt!« »O Gott, kommt er?« rief die Gräfin und fuhr erschrocken zurück; sie glaubte, er spräche von ihrem eigenen Manne. Aber dieser Zufall machte ihr Lust, den Don Juan kennen zu lernen und als Byron ihr die ersten zwei Gesänge in französischer Uebersetzung vorgelesen hatte, beschwor sie ihn, weiblich entsetzt über den Cynismus des Inhalts, das Gedicht nicht fortzusetzen. Er versprach sofort seiner Dictatrice alles, was sie begehrte. Dies war der erste unmittelbare Einfluss, den die Gräfin Guiccioli auf Byron's Produktion erlangte. Sie nahm indessen bald ihr Verbot zurück, doch unter der Bedingung, dass fernerhin nichts Schlüpfriges vorkommen dürfe und der Verkehr mit ihr setzte sich in der nächsten Zeit eine Reihe schöner und dauernder Denkmäler in allen Werken, die jetzt aus Byron's Feder hervorgingen. — Die Art und Weise, wie in Don Juan der Schleier von jeder Illusion abgerissen war, der schonungslose Spott, welcher mit der Sentimentalität getrieben wurde, verletzte die Gräfin als Frau, weil es im Wesen der Frauen liegt, dass sie nicht den letzten Schleier von den Blendwerken abgerissen sehen mögen, die, solange sie dauern, das Leben verschönern.

»Bemühte sich jetzt aber die Gräfin, Byron von solcherlei Produktionen abzulenken, welche den Glauben an die Menschen und an den Werth des Menschenlebens zerstören, so bewog sie mit dem Sinne ihrer romantischen Natur für das Erhabene und als leidenschaftliche italienische Patriotin ihrem Geliebten, Stoffe zu wählen, welche den Geist ihrer Landsleute erheben und die Begeisterung derselben für die Befreiung ihres Vaterlandes vom Joche der Fremdherrschaft erwecken könnten. Auf ihren Wunsch schrieb Byron »die Weissagung Dantes« und übersetzte die berühmten Verse Dantes von der Liebe der Francesca v. Rimini und unter ihrem Einflusse verfasste er die venetianischen Dramen

»Marino Faliero« und »die beiden Foscari«, welche, obwohl in englischer Sprache geschrieben, durch Stil und Stoff in Wirklichkeit eher der romanischen als der englischen Litteratur eigen sind, wie sie thatsächlich nicht der englischen, sondern der italienischen Bühne angehören.

»Es sind leidenschaftliche, politische Tendenzstücke, deren Zweck es war, durch die stärksten Wirkungsmittel die stumpf gewordenen italienischen Patrioten dazu zu entflammen, sich wie ein Mann gegen die Unterdrücker zu erheben. — Unmittelbar unter dem ersten Eindrucke seines Liebesverhältnisses zur Gräfin schrieb Byron den »Mazeppa«, dessen Geliebte ihren Namen trägt; direkt endlich ist ihre Persönlichkeit in die beiden herrlichsten Frauengestalten übergegangen, welche Byron in dieser Periode schuf: Ada in »Kain« und Myrrha in »Sardanapal.«

In der Gräfin Guiccioli fand Byron das weibliche Ideal verwirklicht, das ihm immer vorgeschwebt hatte, aber das ihm in seinen früheren poetischen Erzählungen nicht auf natürliche Weise darzustellen gelungen war. In die Gestalt seiner Myrrha, das getreue Abbild der Guiccioli, hat er alles hineingelegt, wessen seine Seele an edler Leidenschaft fähig war[1]) und gerade diese »Myrrha« ist ein Beweis dafür, dass das Verhältniss zur Guiccioli doch ein reineres und tieferes war, als der weltmännische und skeptische Jeaffreton in seinem Buche: »The real Lord Byron« anzunehmen beliebt.

---

1) Der Monolog Myrrha's am Schlusse des ersten Aktes »Why do I love this man?« zeigt uns den Keim des herrlichsten Problems, indem das schlichte Einzelgefühl der Liebe sich zum Erhabenen steigert, weil es sich — in dem Verhältniss der stolzen Hellenin zu ihrem Gebieter, dem weltbeherrschenden »Barbaren« — mit den grossen Fragen des Schicksals verschmilzt. Diese schönste Blüte in dem reichen Kranz Byronischer Heldinnen reihte sich der Antigone als edelste Frauengestalt der Weltlitteratur an und die ergreifende Darstellung ihrer inneren Kämpfe legt von den hehrsten Tiefblicken der Kunst ein Zeugniss.

Jedenfalls hat der grosse Dichter durch die Schöpfung der Myrrha erschöpfend erläutert, was damit gemeint war, als er bei Beginn seiner Dramatikerperiode die Liebe nur dann für ein würdiges Objekt des Dramas erklärte, falls sie ins Grossartige gesteigert sei. (Bleibtreu, Englische Litteraturg.)

Dass Byron die erte Liebe dieser Frau nicht mehr ganz erwiedern konnte, ist selbstverständlich — dazu war der Zwiespalt seines Wesens schon zu sehr erweitert. Dass jedoch Byron sich überhaupt losreissen konnte, um sein Leben einer idealen Sache zu weihen, ist nicht zum Wenigsten der Gräfin Guiccioli selbst zu verdanken. Wie Goethe durch seine Reise nach Italien, so hat sich Byron durch seine Fahrt nach Griechenland zu einer Wiedergeburt im allgemeinen menschlichen Sinne durchgerungen.

IV. Lebensanschauung und Poesie.

*"Nur der erwirbt sich Freiheit, wie das Leben,
Der täglich sie erobern muss."*
(Faust II. Theil.)

Innerhalb der Philosophie der Geschichte bildet die Theorie der Genialität unzweifelhaft eines der allerwichtigsten Kapitel. Und Goethe ist dabei nicht nur ein hervorragender, nahe liegender höchst dankbarer Gegenstand der Forschung, sondern er ist selbst Forscher auf dem Gebiete und — was mehr sagen will — Erforscher seiner selbst.

Den Zeitgenossen erschien er wie der lebendige Beweis für eine Geschichtsauffassung, welche das Genie als eine Durchbrechung des sonstigen Zusammenhangs von Ursache und Wirkung ansehen wollte.

Die Blüte Griechenlands war ein solches Phänomen, Goethe war ein anderes; in ihm machte der Geist der Nation einen unbegreiflichen Sprung nach Vorwärts, ebenso räthselhaft, als ob die irdischen Körper plötzlich nicht mehr auf die Erde hin, sondern von der Erde wegfielen.

So dachten die Mitlebenden. Der Gegenstand dieser Gedanken aber schrieb: »Dichtung und Wahrheit« und machte das Unbegreifliche begreiflich.[1]

---

[1] Wilh. Scherrer, Aufsätze über Goethe, S. 12.

Wie in Goethe, so hat auch in Byron die Entwickelung des Volksgeistes einen für die Mitlebenden unerklärlichen Sprung nach Vorwärts gemacht. Betrachtet man jedoch seine Erscheinung als aus der Revolution hervorgegangen, als von lokalen, nationalen Einflüssen abhängig und durch die Einwirkungen der Familienabstammung und Erziehung in seiner harmonischen Entwickelung gehemmt, so lässt sich auch sein Genie als etwas Naturnothwendiges, fest in die grosse Kette der Entwickelung eingeschlossenes Glied erkennen. Goethe hat sich ungehindert und selbständig unter günstigen äusseren und Familienverhältnissen entfalten können, bei Byron war dies nicht der Fall. Bedenkt man jedoch, was Byron alles gegen sich hatte: das körperliche Gebrechen, die Erziehung, die Verfolgung der englischen Gesellschaft, vor allem aber das Verhängniss der unseligen Ehe, die er eingegangen war, so muss man sich wundern über die echt englische Kraft und Gesundheit dieser Natur. »Hätte sich Byron harmonisch entwickeln können, er wäre wohl nicht der Dichter des »Childe Harold« und »Don Juan« geworden, aber vielleicht hätte er sich zu einem schönen Exemplar des herrlichsten Menschentypus entwickelt, den die Geschichte seit Perikles Zeiten gekannt: dem Typus des englischen Edelmanns, der mit seiner Bildung in seiner Nation und zugleich über ihr steht.[1])

Der Umstand, dass diese beiden so verschieden gearteten Charactere, durch äussere Schranken getrennt, in gegenseitiger Werthschätzung verbunden waren, sich gegenseitig befruchteten und auch auf ihre Landsleute in diesem Sinne einzuwirken strebten, berechtigt zu der Untersuchung: worin berührt sich das Genie der beiden Männer im Allgemeinen, d. h. in Lebensanschauung und Poesie, und wodurch unterscheidet es sich hierin.

Für die Auffassung Goethe's und Byron's als Ausgangs-

---

1) Hillebrandt, Zeiten, Völker und Menschen VII, 119 ff.

punkte moderner Entwickelung ist eine solche Untersuchung vielleicht nicht ohne Werth. Goethe als Mensch und Europäer war denselben Leidenschaften, denselben Einflüssen der Zeit unterworfen, er sang, was er fühlte, in der Sprache der Zeitgenossen, ganz anders als Byron. Goethe scheint sich der Leidenschaft als eines Mittels zur Begeisterung bedient zu haben, um seinen Kunstwerken Leben einzuhauchen. Byron war von der Leidenschaft, wie vom Fatum der Alten ergriffen. Sie beherrschte sein physisches und moralisches Sein. Für Goethe waren die Leidenschaften die Becher des Falernertrankes, womit sich Horaz erquickte, während die Muse Byron's sich daran berauschte, wie die Pythonissa an dem prophetischen Dampfe.

Goethe war eben aus ruhigen Verhältnissen hervorgegangen, während auf Byron schon in frühester Jugend der Fluch der Abstammung lastete. Von jeher zeichneten sich die Byron's durch ein feuriges rastloses Temperament aus. Byron's Grossonkel, Lord William Byron, hatte seinen Gutsnachbar Mr. Chaworth in mordähnlichem Duell erstochen, wurde von aller Welt gemieden, ein halbverrückter Sonderling.

Byron's Vater, der »tolle Jack«, war ein schöner liebenswürdiger Wüstling, seines Standes Marinekapitän. Noch nicht 21 Jahre alt, entführte er eine der vornehmsten Damen, die Marquise Carmarthen, die nach kurzer unglücklicher Ehe mit ihm starb und eine Tochter Augusta hinterliess, später Gattin eines Obersten Leigh und als Stiefschwester Byron's von trauriger Berühmtheit. Kapitän Byron, immer auf der Flucht vor seinen Gläubigern, spekulirte abermals auf eine tüchtige Mitgift und heirathete Katharina Gordon, deren Heirathsgut jedoch keineswegs seinen Erwartungen entsprach. Sie liebte ihn heiss und opferte ihm regelmässig ihre Ersparnisse, wenn er als Vagabund zu ihr nach Aberdeen bettelnd zurückeilte, während er im Uebrigen getrennt von ihr ein wildes Abenteurerleben führte. Er starb wahrscheinlich durch Selbstmord. Seinen kleinen Sohn, den er selten gesehen hat, soll er sehr geliebt haben und das hat ihm dieser niemals vergessen.

Byron's Mutter, deren Vater an unheilbarer Schwermuth litt und sich das Leben nahm, war mütterlicherseits mit dem Königshause der Stuarts verwandt. Allerdings war ihr Gemüthszustand kein normaler. Sie litt an chronischen Wuthanfällen, wobei sie Hüte und Kleider zerriss. Als ihr Gatte starb, verlor sie beinahe den Verstand, obschon dieser liebenswürdige Strolch sie ruinirt und misshandelt hatte. Das einzige Junge dieser Löwin hatte ihr Temperament geerbt. In seinen stillen Wuthanfällen biss schon das Kind einst ein Stück aus einer Tasse. Dem Knaben musste man ein Messer entreissen, das er auf seine Brust gerichtet hatte. Wie diese beiden excentrischen Naturen mit einander hausten, lässt sich erwarten. Sie schmiss ihm tobend Feuerzangen und Insulten an den Kopf, schalt ihn »lahmer Bengel«, bewunderte dann wieder seine schönen Augen. Dabei war sie lächerlich dick, woher Byrons Furcht vor dem Fettwerden ursprünglich herstammt — denn auch er war ja ein echter Hamlet »fett und kurz von Atem«. Dennoch liebten sich beide. »Ich war ein unleidlicher Bursche« — gesteht Byron selbst in seinen Unterhaltungen mit Medwin. Und als die arme Mrs. Byron (deren Porträt übrigens kräftige, sinnlich leidenschaftliche und durchaus nicht unschöne Züge aufweist) nun gestorben war, da entrang sich dem einsamen leidengebeugten Pilger, als er in sein ödes Schloss zurückkehrte, der Ausruf: »Ach, ich hatte nur einen wahren Freund und der starb!« [1]

Durch Ammenerziehung wurde in den Knaben Byron die finstere kalvinistische Weltanschauung eingepflanzt, welche an ihm sein Leben lang haften bleiben sollte. Goethe dagegen war das Dasein bis zum letzten Tage ein Genuss, immer wieder entzückte ihn Frühling und Sonnenschein.

---
[1] Vgl. Bleibtreu, Engl. Litteratur-Gesch.

locken ihn in sein geliebtes Land hinaus nach allen Seiten und die aufsteigenden Erinnerungen vergangener Tage erquicken ihn, statt ihn traurig zu machen. Er sieht mit heiterer Erwartung, mit echt menschlicher Neugier, was denn nun kommen werde, jedem neuen Morgen entgegen.

Der Unterschied in dem Wesen beider Dichter erklärt sich weiterhin daraus, dass Goethes Entwickelung auch in socialer Beziehung ruhig und stetig fortschritt. — Goethe hatte sich bereits zum Adel des Geistes und des sittlichen Menschen durchgerungen, als ihm der Adel des Namens zu Theil ward. Bei Byron war das Umgekehrte der Fall, ja man kann sogar sagen: der »Lord« war sein Verderben. Tradition und revolutionärer Geist, der die Banden der Ueberlieferung zu sprengen sucht, ohne sie vollständig zerreissen zu können, brachte frühzeitig den unheilhollen Riss in sein Wesen. Mit zwölf Jahren ward er Lord und er scheint nie völlig verstanden zu haben »que l'artiste pauvre et inconu vaut mieux, que tous les conquéreurs de monde«. (Musset.)

So wollte er, wie Brandes treffend sagt, ewig ein Dilettant sein, was er nun und nimmer sein konnte. So blieb er in dem verhängnissvollen Irrthum befangen, Inspiration und geistige Arbeit sei eigentlich Folter und Unglück.[1] Macaulay hat diesen Zwiespalt richtig bezeichnet:

In the rank of Lord B, in his understanding, in his character, in his very person, there was a strange union of opposite extremes. He was born to all that men covet and admire. But in every one of those eminent advantages which he possessed over others was mingled something of miscry and debasement.

---

[1] »Wenn ich noch 10 Jahre lebe, — schreibt er im Februar 1817 an Moore — so werden Sie sehen, dass es noch nicht mit mir vorbei ist — ich meine nicht in der Litteratur, denn das ist nichts, und so sonderbar es auch klingen mag, ich glaube nicht, dass es mein Beruf ist. Aber Sie werden sehen, dass, wenn Zeit und Glück günstig sind, ich etwas thun werde, was »wie die Schöpfung der Welt ein Räthsel für die Philosophen aller Zeiten sein wird.« Allein ich zweifle, dass meine Gesundheit aushält.«

Goethe hatte auch eine Zeit lang solch schwankende Neigungen, bis der italienische Aufenthalt ihn zum ganzen Künstler herausreifte. Mit seiner Thätigkeit als Minister befriedigte er später nur den tief wurzelnden Trieb seiner Natur, sich praktisch und hilfreich zu bethätigen.

Der Gegensatz zwischen Goethe und Byron und auch wieder ihre Aehnlichkeit tritt nirgends besser zu Tage, als wenn man ihre Stellung in Bezug auf ihr Vaterland und dessen Politik betrachtet. Beide Dichter müssen vom nationalen Gesichtspunkte aus aufgefasst werden und es gibt nichts Thörichteres als die Behauptung, Goethe habe den Vorgängen in seinem Vaterlande passiv oder gar feindselig gegenüber gestanden. Ebenso hat Byron sein Vaterland bis zuletzt heiss geliebt, er war und blieb ein echter Engländer und die Trennung von der Heimath hat auf sein ganzes Leben den unglücklichsten Einfluss ausgeübt.[1]

Goethes Bedeutung für das nationale Leben lässt sich mit der Stellung Friedrich's des Grossen als nationaler Mittelpunkt der deutschen Dichtung vergleichen.

In einer Zeit der politischen Zerrissenheit und dumpfen Schweigens im öffentlichen Leben war die Verehrung für Goethe eines der wenigen vaterländisch-gemeinsamen Gefühle, welche offen bekannt werden durften. Ihm allein gegenüber war von einem einigen Deutschland zu reden erlaubt.

Hier liegt Goethe's politische Wirkung höchster Art. Er war der leuchtende Punkt, auf den in trüben Tagen, die nicht enden zu wollen schienen, in den zwanziger und dreissiger Jahren jedes Auge sich wandte.

Goethe war eben keine impulsive Natur wie Byron, der versuchte, sein Ideal im Leben mit einem Schlage zu verwirklichen und, wie Goethe sagt, an dieser polemischen

---

[1] Lord Byrons Verhängniss lag in seiner trotzigen Absonderung von den Sitten seines Volkes und das Urtheil über ihn hängt schliesslich von der Frage ab, ob diese Gesittung in Wahrheit verbildet genug war, um den verwegenen Widerstand eines Einzelnen zu rechtfertigen. (Treitschke Aufsätze 314.)

Richtung zu Grunde gegangen ist. Hiebei kommt die bekannte Grenze in Goethe's Natur klar zum Vorschein: seine Scheu vor dem Lärm, Gedränge und Stoss, vor der ganzen Härte und Herbheit der Realität im politischen Leben.

Sie war ja freilich auch seine Kraft, sie gab ihm die volle Stärke im rein menschlichen Schönen, der wir eine Iphigenie verdanken.

Das Hinderniss lag also nur am Dichter selbst, er wagte sich nicht in diese Sphäre, weil in ihm der Humanismus mit jener Sensibilität verbunden war, welche vor der Berührung mit dem rauhen Boden der Thaten die Fühlfäden einzog. Auch die Reformation war ihm ja, weil sie grob und derb vorging, zuwider, wie einst dem feinen Erasmus. (Vgl. Vischer, Faust.)

Anders war Byron. — Er wagte sich schon in der Jugend in das lärmende Getriebe der Politik hinaus,[1]) und folgte später, als er von der Heimath scheiden musste, in seinen Dichtungen, die nach Goethe's Bemerkung öfters »verhaltenen Parlamentsreden« gleichen, diesem reformatorischen Triebe seiner Natur:

»Zornig wandte er sich gegen seine Heimath, erbarmungslos riss er den Schleier respectabler Sitte herab, der die Frivolität der Hauptstadt, die peccadillos von Piccadilly umhüllt. Doch in diesem Kampfe gegen die vornehme Gesellschaft war er selber nicht innerlich frei. Mochte er noch so laut, nach dem Vorbilde Rousseau's, das Leben des Urwaldes preisen und die erhabene Einsamkeit der Natur, der er seine schönsten Dichterträume dankte: die glänzenden

---

1) Als Byron Anfang 1812 nach England zurückkehrte, hielt er am 27. Februar seine Jungfernrede im Oberhaus, die mit Beifall begrüsst wurde. Er hatte natürlich seinen Sitz auf der Linken genommen, er, der geborene Mann der Opposition. Später sprach er noch zweimal ohne sonderlichen Erfolg.

Wichtiger erscheint es, dass er das erste Mal zu Gunsten der strikenden Weber in seinem Distrikt (Nottinghamshire), das zweite Mal für die Emanzipation der Katholiken sprach, also beidesmal getreu seinen radikalen Grundsätzen.

Laster der grossen Welt konnte er doch nicht entbehren. Nur eine, die hässlichste Sünde seiner Heimath war diesem kühnen Geiste fremd: jene salbungsvolle Heuchelei, die so üppig nur in England gedeihet und darum auch nur dort die zutreffende Bezeichnung — cant — gefunden hat.« (Vergl. Treitschke, Byron.)

Worin sich beide Dichter begegneten, das war ihr aristokratischer Abscheu vor jeder durch die Massen hervorgebrachten Revolution. Daher kommt ihre gemeinsame Verachtung der französischen Revolution und ihre gemeinsame Verehrung Napoleons, dessen herrischer Genius die Instinkte der Massen gebändigt hatte.

Beide Dichter glaubten an den Fortschritt der Menschheit; doch äusserte sich dieser Glaube bei ihnen auf verschiedene Weise: Byron suchte gewaltsam sein geträumtes Ideal zu verwirklichen, seinen unsteten Sinn reizte es nicht, theilzunehmen an der unscheinbaren langsamen Mannesarbeit der Reform; Goethe wollte Schritt für Schritt dabei zu Werke gehen[1]), wie sein »Faust«, der in harter, mühsamer Arbeit dem feindlichen Element das Land abringt: »Nur der verdient sich Freiheit, wie das Leben, der täglich sie erobern muss!« Und als ihm vorgeworfen wurde, dass er im Befreiungskriege nicht die Waffen ergriffen und auch nicht wenigstens dichterisch auf seine Landsleute eingewirkt habe, konnte er mit Recht antworten: (Biedermann, Gespr. mit H. VI. 252.)

»Man hat Ihnen vorgeworfen« — bemerkte ich etwas unvorsichtig — »dass Sie in jener grossen Zeit nicht auch

---

1) »Der wahre Liberale sucht mit den Mitteln, die ihm zu Gebote stehen, so viel Gutes zu bewirken, als er nur immer kann; aber er hütet sich, die oft unvermeidlichen Mängel sogleich mit Feuer und Schwert vertilgen zu wollen. Er ist bemüht, durch ein kluges Vorschreiten die öffentlichen Gebrechen nach und nach zu verdrängen, ohne durch gewaltsame Maassregeln zugleich oft ebensoviel Gutes mitzuverderben. Er begnügt sich in dieser stets unvollkommenen Welt so lange mit dem Guten, bis ihn das Bessere zu erreichen Zeit und Umstände begünstigen. (Biedermann, Gespr. m. G. S. 200 ff.)

die Waffen ergriffen, oder wenigstens nicht als Dichter eingewirkt haben.«

»Lassen wir das, mein Guter!« — erwiderte Goethe. — »Es ist eine absurde Welt, die nicht weiss, was sie will und die man muss reden und gewähren lassen. Wie hätte ich die Waffen ergreifen können ohne Hass? Und wie hätte ich hassen können ohne Jugend! Hätte jenes Ereigniss mich als einen Zwanzigjährigen getroffen, so wäre ich sicher nicht der Letzte gewesen, allein es fand mich als einen, der bereits über die ersten Sechzig hinaus war.

»Auch können wir dem Vaterlande nicht auf gleiche Weise dienen, sondern Jeder thut sein Bestes, je nachdem Gott es ihm gegeben. Ich habe es mir ein halbes Jahrhundertlang sauer genug werden lassen. Ich kann sagen, ich habe in den Dingen, die die Natur mir zum Tagewerke bestimmt, mir Tag und Nacht keine Ruhe gelassen und mir keine Erholung gegönnt, sondern immer gestrebt, geforscht und gethan, so gut und so viel ich konnte. Wenn Jeder von sich dasselbe sagen kann, so wird es um alle gut stehen.

»Ich weiss recht gut, ich bin Vielen ein Dorn im Auge, sie wären mich alle sehr gern los und da man nun an meinem Talent nicht rühren kann, so will man an meinem Character. Bald soll ich stolz sein, bald egoistisch, bald voller Neid gegen junge Talente, bald in Sinnenlust versunken, bald ohne Christenthum und nun endlich gar ohne Liebe zu meinem Vaterlande und meinen lieben Deutschen. Sie kennen mich nun seit Jahren hinlänglich und fühlen, was an all dem Gerede ist. Wollen Sie aber wissen, was ich gelitten habe, so lesen Sie meine »Xenien« und es wird Ihnen aus meinen Gegenwirkungen klar werden, womit man mir abwechselnd das Leben zu verbittern gesucht hat. — Ein deutscher Schriftsteller — ein deutscher Märtyrer! Ja, mein Guter! Sie werden es nicht anders finden. Und ich selbst kann mich kaum beklagen, es ist allen anderen nicht besser gegangen, den meisten sogar schlechter und in England und Frankreich ganz wie bei uns. — Was hat nicht Molière zu leiden gehabt und was nicht Rousseau und Voltaire! Byron ward durch die bösen Zungen aus England getrieben und würde zuletzt ans Ende der Welt geflohen sein, wenn ein früher Tod ihn nicht den Philistern und ihrem Hass enthoben hätte.«

Solche Verschiedenheiten des menschlichen Charakters spiegeln sich auch natürlich in der Dichtung Goethe's und Byron's wieder. — Sogar Childe Harold und die blasirten Helden der bis zum Jahre 1817 reichenden Dichterperiode weisen wenig Aehnlichkeit mit Werther auf, mit dem sie schon so oft verglichen worden sind. — Von schwächlichem, weinerlichen Wertherismus ist bei Byron nichts zu spüren. — In der strömenden Bewegung der Welt, in dem ausschweifenden Leben der grössten Hauptstadt bringt er die besten Jahre seiner stürmischen Jugend in jeder Art von Rausch und Aufregung hin. Ruhm und Frauengunst — nach Goethe's »Tasso« die höchsten Preise des Erdenlebens — hat er früh gekannt und in vollen Zügen eingeschlürft. Alle sinnlichen Genüsse hat er erschöpft: er ist blasirt, verdorben, enttäuscht durch's Leben, während Werther von alledem nur durch Hörensagen etwas weiss und gerade, weil er das Leben nicht kennt, der Verzweiflung anheimfällt. Und wie hätte es anders sein sollen? Der deutsche Jüngling von 1772 sah vor sich ein thatenloses Leben, eng und beschränkt. Er fühlte in sich eine Welt und ausser sich, über sich einen Wust von Trümmerwerk, verdorrtem Holze und faulem Laube, dass er erst zersprengen musste, ehe das junge, frische Leben wieder blühen konnte. Dem Werther der Dichtung gelingt es nicht, und er erstickt unter der Last; der Dichter des Werther aber vollbringt die grosse That und ihm dankt seine Nation ihren neuen lebensvollen Frühling. Lord Byron, dem das Leben sich kräftig strotzend von allen Seiten darbot, als Genuss und als Thätigkeit —

konnte nicht anders, als das Leben versuchen; er konnte die Enttäuschung erst fühlen, nachdem er es durchgenossen und durchgekämpft. — Nur darin gleicht er Werther, dass er nie gelernt hat, sich einen Zwang irgend einer Art aufzulegen:

»... and thus untaught
In youth my heart to tame
My spring's of life were poisoned.«

Auch er sucht, wie Werther, die Freundschaft der Natur auf; aber eine bescheidene, lieblich beschränkte Natur genügt ihm nicht: er braucht die Alpen und das Weltmeer:

»Where rose the mauntains, there to him were friends,
»Where rolled the ocean, thereon was his home?«

Aber wiederum, welche britische Kraft in dieser Misanthropie, verglichen mit der resignirten Passivität Werthers!« [1]

Das, was als Düsteres und Hoffnungsloses in Byron's späteren Dichtungen der männlichen Periode uns entgegentritt, stammt mehr aus dem von Gewissensqualen gepeinigten Herzen des Dichters als aus der Welt, die Byron gar nicht so sehr hasste, als es oft den Anschein hat, obschon er seiner ganzen Anlage nach den Riss, der durch die moderne Welt ging, besonders empfinden musste. Seine Phantasie suchte allerdings mit Vorliebe das hoffnungsloseste Leid auf und es ist interessant, wie Goethe, dem in Italien das Bild ewiger Schönheit sich rein enthüllt hatte und Byron, der inmitten dieser Schönheit fast wie ein Barbar stehen blieb, ein und dieselbe Gestalt, den Tasso, behandelt haben.

Goethe schildert Tasso als feurigen Jüngling, als liebend und dichtend und stellt ihn an den Hof von Ferrara in den Kreis schöner Frauen, wo er, ein Glücklich-Unglücklicher, bewundert und verletzt wird. Byron schildert Tasso als einsam, zermalmt, von der Welt ausgeschlossen, in die

---

[1] Vgl. den ausgezeichneten Aufsatz Karl Hillebrand's über: »Die Werther-Krankheit in Europa« in »Zeiten, Völker und Menschen« VII., S. 102 ff.

Tollhauszelle gesperrt, ohne toll zu sein, ein Opfer der Barbara seines ehemaligen Wohlthäters.

Was Byron eben fehlte, war das Dramatische — immer dieselben Conterfeis des eigenen lieben »Ich«, und Macaulay sagt richtig:

»Lord Byron, like Mr. Wordsworth, had nothing dramatic in his genius. He waas indeed the reverse of a great dramatist, the very antithesis to a great dramatist. All his characters, Harold looking on the sky from which his country and the sun ave disappearing together, the Giaur, standing apart in the gloom of the side aisle, and casting a haggard scowl from under his long hood at the crucifix and the censer, Conrad leaning on his sword by the watchtower, Lara smiling of the dancers, Alp gazing steadily on the fatal cloud as it passes before the moone, Manfred wandering amorg the precipices of Berre, Azzo on the judgment-seat, Ugo at the bar, Lambro frowning on the siesta of his daughter and Juan, Cain presenting, his unacceptable offering, are essentially the same.«

(Macaulay, Essays, 347.)

Indem er jedoch seine Person mit unerhörter Anmassung in seinen Gedichten vordrängte, gab er zuerst einer echt modernen Stimmung poetischen Ausdruck, die längst schon in dem jüngeren Geschlecht verbreitet war. Wohl hatte bereits einmal ein moderner Dichter in all seinen Werken sein eigenes Ich enthüllt und die Welt durch eine Reihe von Werken entzückt, die er selber »Bekenntnisse« nannte. Doch Goethe's Genius war so unermesslich reich, so harmonisch, so sehr ein Bild der Welt, dass die Meisten seiner Leser den verwegen subjectiven Character seiner Dichtung gar nicht ahnten: sie meinten die Welt zu schauen, derweil sie die grosse Seele des Dichters sahen. (Vgl. Treitschke, Byron.)

Diese Subjektivität ausgebildet und in die moderne Poesie energisch, energischer als Goethe, eingeführt zu haben, ist sein grosses Verdienst. Dies war die Aufgabe, die ihm der Genius der Poesie zu lösen aufgegeben hatte und mit ihrer Erfüllung war auch seine Mission zu Ende. »Er hatte sich damit ruinirt«, wie Goethe sagt.

Seine ästhetische Theorie hatte sich an dem »correcten« Pope gebildet, seine Phantasie war erfüllt von den Idealen jener Dichtung, die man die englische Romantik nennen mag und er selber schuf endlich eine neue Richtung, die über beide Vorgänger weit hinausging; er brach die Bahn der neuesten Epoche der europäischen Litteratur, indem er das Element der schrankenlos übermüthigen Subjectivität in die Poesie einführte.

Sehr richtig sagt Gervinus (Geschichte des 19. Jahrhunderts): Amerikanischer Republikanismus, deutsche Freidenkerei, französische Umsturzlust, angelsächsischer Radikalismus, alles schien in diesem einen Geiste vereinigt. Nach der Unterdrückung der Revolutionen, der Knebelung der Presse, der Selbstunterwerfung der Wissenschaft, trat der vogelfreie Dichter, der Sohn der Phantasie vor die Bresche.

»Er vollbrachte das Nothwendige, das Heilsame, als er die erstarrte europäische Litteratur erweckte, ihr einen revolutionären, modernen Geist einhauchte; aber auf Jahrzehnte hinaus hat er geholfen, die jüngeren Dichter zu verderben, da sie nicht bloss das Unsterbliche seiner Werke, sondern auch die endlichen Schwächen seiner Schriften und seines Lebens sich zum Vorbilde nahmen.« (Treitschke 354.)

Denn er übertraf sie alle durch schöpferische Kraft, Witz, Menschenverstand und den von Goethe ihm nachgerühmten »scharfen Blick, die Welt zu schauen«, jene sichere Weltkenntniss, die seinen unerfahrenen Jüngern gänzlich mangelte und heute noch mangelt. — Seine Poesie wurde ausserdem durch seine Persönlichkeit, die frei war von jeder Heuchelei, gehoben und gestützt und auch den guten künstlerischen Ueberlieferungen der alten Zeit stand er weit näher, als seine »deformen« Nachfolger.

Sehr lose gefügt freilich war der Bau seiner Gedichte, aber er schrieb doch in Versen, in Versen voll des lautersten Wohlklanges, und schon diese Form bewahrte ihn vor jener gänzlichen Verwilderung, jenem banausischen, die nackte Prosa mit poetischen Flittern roh durcheinander werfenden Journalistenstile, worein das junge Deutschland verfiel. — Wer die Bedeutung der Form in der Kunst zu würdigen weiss, wird hierin allein schon einen tiefgreifenden Unterschied zwischen Byron und den Jungdeutschen erkennen.

Auch war er keineswegs einer jener stets verneinenden Geister, wie die meisten seiner Nachfolger. — Noch hatte sein Gemüth sich vieles Positive bewahrt, das er fromm verehrt, denn, vor allem, er war Engländer. Nicht ohne Neid erkennen wir Deutschen an diesem zuchtlosen Menschen, wie die sittliche Haltung des Mannes gesichert und gehoben wird, wenn er der Sohn ist eines grossen, stolzen, mächtigen Volkes. Niemals kann ein Britte in den Schmutz des heimathlosen Litteratenthums versinken, darin unsere Börne und Heine sich wohlgefällig wälzten, niemals kann es ihm in den Sinn kommen, sein Vaterland, als das Land der Dummen und Feigen zu verhöhnen. Auch dem verbannten Engländer bleibt sein Volk das erste der Erde.

Von einigen schlimmen und vielen guten Eigenthümlichkeiten seines Volkes hatte Byron sich befreit, doch er bekämpfte sie mit dem Zorne des Liebenden. Der Kern seines Wesens blieb englisch, schon der Gedanke, ein anderes Volk über das seine zu stellen, wäre ihm unmöglich gewesen. England, with all thy faults; J love thee still! An tausend Wendungen seiner Werke kann der Fremde dies errathen und wie viele mehr mögen es dem Engländer zeigen! Gewalt anthun musste er seinem englischen Wesen, um zu der festländischen Geistesfreiheit sich hindurch zu ringen und doch ist ihm dies nie völlig gelungen. Noch mehr, mit all seinem Radikalismus blieb Byron der englische Lord, eine hocharistokratische Natur, getreu den Vorurtheilen, wie den Tugenden seines Standes, ein grossherziger Beschützer der Niedriggeborenen, ein Abgott seiner Diener und der Massen in Italien und Griechenland, die den echten Adel leicht erkennen und willig sich ihm beugen. — Also befangen in den Anschauungen seines Volkes und seines Standes war er durch seine Schwächen selber bewahrt vor dem Aeussersten des abstracten Radicalismus seiner Nachfolger.[1])

Der Realismus, den er als Ausfluss seiner wahrhaften Dichterpersönlichkeit in die Litteratur mitbrachte[2]), musste nothgedrungen unter den Händen seiner Nachfolger zum ödesten Naturalismus ausarten. Dass er durch ein Verquicken von Politik und Poesie selbst dazu den Anstoss gegeben hat, davon ist er nicht freizusprechen und sein Don Juan ist bereits an dem Punkte angelangt, wo die Poesie sich selbst zersetzt. Was den Juan als Kunstwerk noch zusammenhält, ist der souveräne Humor, der über allen Dingen versöhnend schwebt und die sittliche Empörung, die hier der Zeit ihr »Mene Tekel« schrieb. Der Don Juan darf in

---

1) Vgl. Treitschke, Histor.-politische Aufsätze, Lord Byron.

2) »Auch in Lord Byron« — sagte ich — »finde ich Darstellungen, die ganz unmittelbar dastehen und uns rein den Gegenstand geben, ohne unser inneres Sentiment auf eine andere Weise anzuregen, als es eine unmittelbare Handzeichnung eines guten Malers thut. Besonders der Don Juan ist an solchen Stellen reich.« »Ja«, sagte Goethe, »darin ist Lord Byron gross; seine Darstellungen haben eine so leicht hingeworfene Realität, als wären sie improvisirt. Von Don Juan kenne ich wenig; allein aus seinen anderen Gedichten sind mir solche Stellen im Gedächtniss, besonders Seestücke, wo hin und wieder ein Segel herausblickt, ganz unschätzbar, so dass man sogar die Wasserluft mit zu empfinden glaubt.«

»In seinem Don Juan« — sagte ich — »habe ich besonders die Darstellung der Stadt London bewundert, die man aus seinen leichten Versen heraus mit Augen zu sehen wähnt. Und dabei macht er sich keineswegs Scrupel, ob ein Gegenstand poetisch sei oder nicht, sondern ergreift und gebraucht Alles, wie es ihm vorkommt, bis auf die gekräuselten Perrücken vor den Fenstern der Haarschneider und bis auf die Männer, welche die Strassenlaternen mit Oel versehen.«

»Unsere deutschen Aesthetiker«, sagte Goethe, »reden zwar viel von poetischen und unpoetischen Gegenständen und sie mögen auch in gewisser Hinsicht nicht ganz Unrecht haben, allein im Grunde bleibt kein realer Gegenstand unpoetisch, sobald der Dichter ihn gehörig zu gebrauchen weiss.« (Eckermann, Gespräche mit Goethe II, 259.)

keiner Weise, wie Byron selbst sagt,[1] »als Lobrede auf das Laster angesehen werden, sondern als Satyre auf die Missbräuche in der gegenwärtigen Gestaltung der Societät«. Ueber den Don Juan hinaus hätte Byron wohl nicht mehr gehen können und die Litteratur hat, wie Goethe hervorhebt, hinsichtlich einer weiteren Ausdehnung durch den frühen Tod des Lord nicht wesentlich verloren. »Er hatte den Gipfel seiner schöpferischen Kraft erreicht und was er auch in der Folge noch gemacht haben würde, so hätte er doch die seinem Talent gezogenen Grenzen nicht erweitern können«.[2]

Goethe konnte getrost ein solches Urtheil abgeben, nachdem es ihm selbst gelungen war, den Weg vom Individuellen zum Typischen zurückzulegen.[3] Das Typische ist das Unvergängliche der sittlichen und natürlichen Welt. — In der Anschauung des Typischen schlossen sich Goethe's Kräfte zusammen[4] und zu solch einem Typus gestaltete er

---

[1] »Der Don Juan wird in Kurzem als das, was er sein soll, als Satyre auf die Missbräuche in der gegenwärtigen Gestaltung der Societät, nicht aber als eine Lobrede auf das Laster erkannt werden. Dabei mag er dann und wann schlüpfrig werden — aber dafür kann ich nichts. Ariost ist schlimmer, Smolett, (man nehme nur den Lord Strutwell im 2. Theil des Roderich Randow) 10 mal schlimmer und Fielding um nichts besser. Nie wird sich ein junges Mädchen durch Lektüre des Don Juan verführen lassen; — gewiss nicht; um dazu zu kommen, wird sie lieber Littles Gedichte und Rousseau's Romane zur Hand nehmen, ja wohl gar die fleckenreine von Staël: Die werden sie verlocken, nicht aber der Don Juan.« (Ortlepp III, 217.)

[2] Goethe's Gespräche mit Eckermann III, 40.

[3] Alles zusammengenommen und im Grossen betrachtet, muss man ja gewiss eingedenk sein, dass Goethe nicht bloss Dichter war, sondern ein Mensch von einer Allseitigkeit, die uns berechtigt zu sagen, nicht wohl werde ein Individuum je gelebt haben, das sich so sehr zur Gattung erweiterte, dessen ganzes Leben eine so ungemeine Arbeit nach diesem Ziele war.

[4] Es war ein denkwürdiger Moment, als Goethe zum ersten Mal in vollen Zügen diese Glückseligkeit genoss, als er in Rom zu fühlen glaubte, wie sich die Summe seiner Kräfte zusammenschloss, als sich ihm die Natur und die Antike mit einem Mal und von demselben Punkte erhellten, als sich seine alten physiognomischen Studien und die neuesten Erfahrungen gegenseitig beleuchteten, als Homer, die griechischen Bildnisse, das Gesetz der organischen Welt und die Lehre des Spinoza in ihm zu einer Einheit verschmolzen und er am 23. August 1788, wenige Tage vor seinem 39.

den Euphorion, die Personifikation des Byron'schen Genius und seiner Subjektivität, die von Goethe innerlich überwunden worden war.[1])

Seine universale Persönlichkeit musste nothwendigerweise über die neueste Zeit und deren Repräsentanten, den Dichter des »Don Juan« weit hinausragen. — Die Auswüchse dieser Zeit, hervorgerufen durch falsche Nachahmung des Byron'schen Genius in der Poesie und das Betonen eines schrankenlosen Individualismus im Leben, waren Goethe tief zuwider.[2]) Hierauf bezieht sich auch sein Ausspruch: »Schlecht und modern!«

Geburtstage den Entschluss kundgab: »Ich möchte mich nur mit dem beschäftigen, was bleibende Verhältnisse sind und so, nach der Lehre des Spinoza, meinem Geist erst die Ewigkeit verschaffen.«

Die bleibenden Verhältnisse oder die Reihe der Gestalten, die verschiedenen charakteristischen Formen, wie er sich im Teutschen Merkur später ausdrückt: »das ist, was wir am kürzesten und für uns am bezeichnendsten das Typische nennen.«

Das Typische ist das Unvergängliche der sittlichen und natürlichen Welt. In der Anschauung des Typischen schlossen sich Goethe's Kräfte zusammen. (Wilh. Scherer, Aufsätze über Goethe, S. 300).

1) Ueber die Gestalt des Euphorion siehe: Rötscher, Abhandlungen z. Philosophie der Kunst III, 139.

2) »Alles, mein Theuerster, ist jetzt ultra, alles transcendirt, unaufhaltsam im Denken wie im Thun. Niemand kennt sich mehr, niemand begreift das Element, worin er schwebt und wirkt, niemand den Stoff, den er bearbeitet. Von reiner Einfalt kann die Rede nicht sein; einfältiges Zeug gibt es genug. Junge Leute werden viel zu früh aufgeregt und dann im Zeitstrudel fortgerissen. Reichthum und Schnelligkeit ist, was die Welt bewundert und wonach Jeder strebt. Eisenbahnen, Schnellposten, Dampfschiffe und alle möglichen Facilitäten der Kommunikation sind es, worauf die gebildete Welt ausgeht, sich zu überbilden und dadurch in der Mittelmässigkeit zu beharren. Und das ist ja auch das Resultat der Allgemeinheit, dass eine mittlere Kultur gemein werde; dahin streben die Bibelgesellschaften, die Lancaster'sche Lehrmethode und was nicht alles. Eigentlich ist es das Jahrhundert für die fähigen Köpfe, für leicht fassende praktische Menschen, die, mit einer gewissen Gewandtheit ausgestattet, ihre Superiorität über die Menge fühlen, wenn sie gleich selbst nicht zum Höchsten begabt sind. Lasst uns soviel als möglich an der Gesinnung halten, in der wir herankamen; wir werden, mit vielleicht noch wenigen, die letzten sein einer Epoche, die sobald nicht wiederkehrt.« (Briefwechsel zw. Goethe und Zelter IV, 43).

In seinem »Faust« war er zu den »Müttern« hinabgestiegen, dort hatte er die Vorbilder der Schönheit erblickt, die in den geheimnissvollen Tiefen des Weltalls ruhen, und, hervorgeholt, noch nach Jahrtausenden auf spätere Generationen erfreuend wirken.

Schluss.

Lebenslauf.

Geboren bin ich am 3. August 1865 zu Worms am Rhein als ältester Sohn des Fabrikanten Leopold Sinzheimer und dessen Gemahlin Franziska geb. Meier.

Meinen ersten Unterricht erhielt ich in der sogenannten Vorbereitungsschule. Vom Jahre 1875—1884 besuchte ich dann das humanistische Gymnasium meiner Vaterstadt. Mit dem Reifezeugniss versehen bezog ich hierauf am 26. April 1884 die Universität Heidelberg um mich dem Studium der Neueren Philologie zu widmen. Nach Beendigung des Sommersemesters wandte ich mich nach Berlin, wo ich vom 1. November 1884 bis Schluss des Wintersemesters 1885/86 an der Universität immatrikulirt war. Weiterhin studirte ich dann in München vom 5. Mai 1886 bis Ende des Sommersemesters 1889.

Im folgenden Jahre 1889/90 genügte ich meiner Dienstpflicht als Einjährig-Freiwilliger im k. b. 1. Feld-Art.-Regt. „Prinz-Regent Luitpold".

Hierauf widmete ich mich der Ausarbeitung meiner Doktordissertation. Zum zweiten Mal bezog ich dann die Universität Heidelberg im Sommersemester 1892, während dessen ich an den Uebungen des deutschen Seminars des

Herrn Prof. Braune theilnehmen durfte. Von Heidelberg aus kehrte ich zu ständigem Aufenthalt nach München zurück.

In dankbarer Verehrung nenne ich meine Lehrer: die Herren Professoren Geh. Hofrath Erdmannsdörfer, Geh. Hofrath Bartsch (†), Geh. Hofrath Fischer Excellenz in Heidelberg — Scherer (†), Rödiger, Zupitza in Berlin — Bernays, Carrière, Muncker, Heigel in München. Besonders aber Herrn Prof. Dr. Braune bin ich zu wärmstem Dank verpflichtet, dem ich auch an dieser Stelle verehrungsvollsten Ausdruck geben möchte.

www.ingramcontent.com/pod-product-compliance
Lightning Source LLC
Chambersburg PA
CBHW030119010526
44116CB00005B/315